当代经济学系列丛书
Contemporary Economics Series

陈昕 主编

当代经济学译库

Vito Tanzi

The Ecology of Tax Systems

Factors that Shape the Demand and Supply of Taxes

税收制度的生态
影响税收需求与供给的因素

[意] 维托·坦茨 著

郝晓薇　王潇　吕希梅　柳华平 译

格 致 出 版 社
上 海 三 联 书 店
上 海 人 民 出 版 社

主编的话

上世纪80年代，为了全面地、系统地反映当代经济学的全貌及其进程，总结与挖掘当代经济学已有的和潜在的成果，展示当代经济学新的发展方向，我们决定出版"当代经济学系列丛书"。

"当代经济学系列丛书"是大型的、高层次的、综合性的经济学术理论丛书。它包括三个子系列：(1) 当代经济学文库；(2) 当代经济学译库；(3) 当代经济学教学参考书系。本丛书在学科领域方面，不仅着眼于各传统经济学科的新成果，更注重经济学前沿学科、边缘学科和综合学科的新成就；在选题的采择上，广泛联系海内外学者，努力开掘学术功力深厚、思想新颖独到、作品水平拔尖的著作。"文库"力求达到中国经济学界当前的最高水平；"译库"翻译当代经济学的名人名著；"教学参考书系"主要出版国内外著名高等院校最新的经济学通用教材。

20多年过去了，本丛书先后出版了200多种著作，在很大程度上推动了中国经济学的现代化和国际标准化。这主要体现在两个方面：一是从研究范围、研究内容、研究方法、分析技术等方面完成了中国经济学从传统向现代的转轨；二是培养了整整一代青年经济学人，如今他们大都成长为中国第一线的经济学

1

家，活跃在国内外的学术舞台上。

为了进一步推动中国经济学的发展，我们将继续引进翻译出版国际上经济学的最新研究成果，加强中国经济学家与世界各国经济学家之间的交流；同时，我们更鼓励中国经济学家创建自己的理论体系，在自主的理论框架内消化和吸收世界上最优秀的理论成果，并把它放到中国经济改革发展的实践中进行筛选和检验，进而寻找属于中国的又面向未来世界的经济制度和经济理论，使中国经济学真正立足于世界经济学之林。

我们渴望经济学家支持我们的追求；我们和经济学家一起瞻望中国经济学的未来。

2014 年 1 月 1 日

前　言

　　本书分为 12 章来探讨税收问题。部分篇章是作者专门撰写的,部分是在作者参加国际研讨会时的论文和研讨成果的基础上改写而成的。尽管大部分章节都经过了重新编撰、改写,以确保其内容不断更新,避免重复,适宜成书,但为使各章节能独立成文,方便读者单独阅读任一篇章,某些章节不可避免地存在内容上的重复。

　　公共财政专家对税收的研究通常是从税收对经济活动的影响这一角度来进行分析的。因此,即便意识到商业周期同样会对税收收入造成影响,税收研究的方向也始终围绕着税收对激励机制、经济活动或预算的影响而展开。影响税收的种种因素却常被忽略。本书的主要目的是强调影响税收的多重因素,并强调一个事实:税收制度的产生和发展都依赖于其所处的环境,这一环境不断变化并始终作用于税收。换言之,世界的社会和经济生态对税收制度具有重大影响。税收制度在一个不断变化的世界中运作着。我们有必要认识到这一现状，并努力使税收制度适应于当前的生态环境。这同时意味着税收政策或制度不是一成不变的，也不可能存在具有普遍适用于所有国家的税收规则。

上述观点对税收理论(最优或其他理论)具有重要的启示作用。税收理论偶尔会忽略甚至脱离其赖以生存的社会和经济生态。目前，仅有为数不多的文章致力于探讨"经济不发达对税收制度的影响"，除此之外，极少有税收相关文献将税收和其所处的生态相联系。税制所处的生态变化越频繁，税制的调整和修订也会越频繁。还有一些隐含的教训是，一味仿效其他国家的制度，或不顺应变化中的生态对税收制度进行调整，都会造成危险的后果。

促使税收制度改革的因素可能源自税收需求方或者供给方。税收需求方的因素指的是政府和社会对税收制度改革的需求，如增加或减少税收收入、调整税收结构和税收负担。税收的供给方也可以左右税收制度改革，如税收供给方根据自身需求支持或阻碍政府的税收改革政策，这些内容在本书中皆有涉及。

税收生态的影响因素有：(1)人们对国家在经济活动中扮演角色的期望发生变化；(2)历年来经济结构的变化；(3)与其他国家经济关系的变化，包括全球化；(4)导致新税种或新征税方式产生的税收技术；(5)其他变化，包括经济波动和偶尔出现的经济泡沫。本书各章以通俗的方式对税收制度的影响因素进行了探讨，并提供了各种案例。

综上所述，税收理论不应忽视税收生态的作用，并且必须随着税收生态的发展而发展。公共财政教材和税收技术文献都应对税收生态加以重视。希望本书能成为年轻学者的路标，指引他们找到公共财政研究的新方向，进而反哺税收研究的发展。这片新领域亟待进一步的探索。

致　谢

下述章节的不同版本出现于各类研讨会或出版刊物中，但本书中所有内容均进行了重新编撰和改写。

第1章为20多年前在华盛顿举办的美国税收管理中心（CIAT）第25届年会上所发表的主旨演讲。

第2章最初于2014年3月发表于意大利公共财政评论期刊《金融法律与金融杂志》（*Rivista di Diritto Finanziario e Scienza delle Finanze*）。

第3章的不同版本曾在以下会议上使用：巴西圣保罗 Getulio Vargas 基金会；意大利帕维亚意大利经济协会年会；中国厦门公共经济与管理国际会议。本章的更早版本发表于《财政透明度与发展：向伊萨亚斯·科埃略教授致敬》（*Transparência Fiscal e Desanvolvimiento：Homenagem ao Professor Isaias Coelho*），于2013年由圣保罗 FISCOSoft

Editora 出版，由迪尼兹・德桑蒂斯（E.M.Diniz de Santis）等人编辑。

第 4 章的早期版本发表于西班牙刊物《世界经济杂志》（*Revista de Economia Mundial*）2014 年第 37 期。

第 5 章为发表于《亚太学报》（*Asia-Pacific Bulletin*）第 18 卷第 4 期的文章的缩写版。

第 6 章改编自 2012 年欧洲委员会（European Commission）在布鲁塞尔组织的"通用货币下的税收政策"论坛上提交的论文。

第 7 章于 2014 年 12 月发表于意大利刊物《法律杂志》（*Rivista di Diritto Finaziario e Scienza delle Finanze*）。

第 8 章基于 2016 年 10 月 28 日—30 日在耶鲁大学"全球司法新主题"（"New Topics in Global Justice"）会议上提出的非正式观点。

第 9 章的内容是基于在华盛顿的伍德罗・威尔逊（Woodrow Wilson）中心和位于智利圣地亚哥的联合国拉美经委会（CEPAL）上发表的演讲。更早期的内容由伍德罗・威尔逊中心以"美洲地区最新进展"（Update on the Americas）为题发表。

第 10 章的内容是基于几年前为 24 国集团所准备的资料。

第 11 章是于 2010 年 12 月 28 日在巴基斯坦发展经济学家学会"第 26 届年度大会"上发表的 Mahbub ul Haq 纪念演讲。

第 12 章对上述章节进行总结。

最后，我必须提及我从我妻子 Maria 那里得到的宝贵帮助。由于我对计算机使用得不熟练，我的妻子帮我解决了几乎所有的日常操作问题。没有她一直以来的耐心陪伴和支持，我想这本书永远不会有问世的这一天。

目 录

1

影响税收制度的因素

1.1 引　言

　　达尔文让人们相信，生物演变总是遵循着进化论原则。生物会对自身进行调节，以适应并利用自身所处的生态或环境条件。随着生态或环境条件的变化，如果生物体要继续生存繁衍，它们也必须改变。与这些条件不一致且不适应的物种迟早会消失。税收制度和生物极其相似。税收制度也存在于不断变化的环境之中。在某些国家，税收制度反映了当地的情况以及近几十年来日益全球化的情况。税收制度理应不断发展，才能不被淘汰。这个世界上没有放之四海而皆准的最优税收制度，而税收制度的改革也会伴随着困难和冲突。

税收制度不仅为政府增加收入,也逐渐成为现代政府用来实现各项目标的政策工具。当政府为实现一定目标,建立与"自然"环境不协调的税收制度时,冲突必然产生。我们可以观察到这些现象:纳税人对税收制度的不满情绪高涨,甚至是税收起义或税收革命;或者是政府只能改革税制以适应当前的社会环境。

要理解为什么税收制度会不断变化,我们就必须思考影响税收制度的因素。一方面,政府对税收制度的要求可能会发生变化,也就是说,政府在不同时期会需要税收制度发挥不同的作用。近几十年来,政府对税收制度的需求往往超越了传统的、有限的创收目标。另一方面,众多客观因素也影响着税收制度的发展,如(1)经济结构的变化;(2)宏观经济的严重失衡;(3)税收领域的技术发展;(4)全球化;以及(5)其他方面的发展。以上因素可称为供给力量,因为它们在很大程度上决定了在一个国家可行的税收制度类型。供给力量既来自全球化,也来自在国家内部发生的与财政联邦制相关的权力下放运动。

如果政府试图建立的税收制度与可行条件存在较大差异,政府很可能会失望。当然这并不意味着政府在税收制度建立的过程中不享有任何自由。政府可在有限范围内对税制进行选择,这些税收制度在税收水平或结构上有所不同。通过改善税收管理、简化税法、教育纳税人依法纳税等措施,政府还可扩大对税制的选择范围。但即使如此,限制依旧存在。

1.2 税收制度和政府职能

我们首先来谈谈影响税收制度的第一个因素:各个时代的当权政

府对税收制度的需求。社会对政府的期望与政府在经济中发挥的作用以及政府对税收水平和结构的需求紧密相关。政府可发挥作用的范围越广、期望达成的目标越高，对税收制度的要求也就越高。

然而，社会对政府的期望因时代而存在差异。过去的一个世纪里，社会对政府的要求发生了显著的转变（见 Tanzi，2018）。同样，也因地域而存在差异。由于特定政治力量或其他事件，政府职能可能会发生显著变化。曾有一段历史时期，社会期望政府只履行最基本的职能，如保卫国家、履行司法职能、建立基本制度和为一个有序社会所需的公共设施提供资金等。亚当·斯密于 1776 年发表的《国富论》中对上述职能进行了明确阐述。如亚当·斯密所述，政府能发挥的作用如此有限，那么税收水平不必很高，相应地，税收结构可以或多或少被动地反映当时的供应状况。税收可尽量维持中立（以满足经济学家所重视的基本要求），同时征税可在最容易获取、最显而易见的税基中实现。

历史数据表明，在第一次世界大战之前，工业国家的税收水平通常很低，约占国民收入的 10％—15％，而且税收结构严重依赖于容易获取的税收来源，如对外贸易、土地价值和许可证。法国著名公共财政学者博利厄（Paul Leroy-Beaulieu）在 1888 年出版的两卷本的公共财政经典专著中写道，当所有税收（包括省税和地方税）占国民收入的比例达到 5％或 6％时，税收水平被视为"适度"的；当该比例上升到 10％或 12％时，税收水平被视为"沉重"的；而当该比例超过了 12％，税收水平变得过高，将对经济增长和公民自由造成危害（见 Leroy-Beaulieu，1888，pp.127—128）。在博利厄的时代，只有少数国家的税收水平超过国内生产总值（GDP）的 10％。[①] 相比之下，当今经济合作与发展组织（OECD，简称经合组织）国家的税收水平平均接近 GDP 的 40％，而发展中国家的税收水平大约为 18%。有人认为，新的税收水平严重阻碍了经济增长和各国公民自由，然而，所有国家都仍未有降低税收的迹象。

1913 年，哈佛大学的公共财政学教授认为，根据当时国家出台的所得税法，应税收入超过 50 万美元（以 1913 年的价格计算）时的最高税率为 7%"明显过高"。②美国国会筹款委员会（Ways and Means Committee of the US Congress）主席在美国众议院的发言中称，新税法中规定的所得税率（1%—6%）"将创造人们难以想象的财富"③。当然，由于个人免税额度高，极少数人会按照上述税率交税。

第一次世界大战后，各国政府逐步承担起重新分配收入的责任，在经济衰退期间维持公民收入。这种态度的转变与"凯恩斯革命"有莫大关联，当然，来自社会主义的挑战和俄罗斯的宣传可能也起到了一定的作用。政府的新职责需要大量公共资金，也就是说，税收制度面临着巨大压力，一方面需要创造比从前更多的资源；另一方面，也需要成为收入再分配的工具（通过累进税率），成为维持收入的工具（通过所得税内在的灵活性），成为资源分配的工具（通过各种形式的税式支出和税收优惠来提供多种激励措施）。正如第 3 章中所述，这些新职能会立即将税收变得比从前复杂得多，税务管理工作也会变得更加困难（见 Tanzi，2017）。

20 世纪 80 年代及以后很长一段时间里，人们对税收制度和政府政策不再持有乐观态度，而是抱着怀疑甚至敌对的情绪。这些情绪对税收水平尤其是税收结构产生了一定影响。然而，随着时间的推移，大多数国家的平均税收水平仍旧不断攀升。部分税收种类尤其是个人所得税比一般销售税和其他税种更适合用于所谓的社会工程，因此在二战后变得日益重要。

所得税在发达国家税制中的重要性明显增加。许多政府和公民将所得税视为实现社会和经济目标的理想工具,并以此对税收制度进行调整。政府通过与所得税相关的"税式支出"来优先推动某些活动,所得税率飙高,此时被称为"税基侵蚀"的现象也愈发获得人们的关注(见 Tanzi,1969)。税基侵蚀是指潜在的所得税基与实际所得税基之间的差距。在许多税制(但并非所有税制)中,这一差距不断扩大。税基侵蚀不仅出现在个人所得税中,也出现在企业所得税中。

为应对所得税率的上涨趋势,逃税和避税现象日益频繁。高税率引发的地下经济活动开始引起人们注意,更多相关研究出现了,人们开始对税收制度进行改革(见 Tanzi,1980)。高税率和税收优惠的激增使税收管理变得异常复杂,越来越多的经济学家认为,这一现象削弱了个人的发展动力。

以上现象不仅波及发达国家,发展中国家也难以幸免。当然,如下一节和下一章所述,由于某些因素的限制,发展中国家的税收水平比工业国家低得多。造成这一现象的具体原因将在第 8 章中进行讨论。这些因素既影响发展中国家的税收结构,同时也限制了所得税所发挥的作用。

1.3 税收制度和客观影响因素

前文提到,为保持稳定,税收制度必须与其所在的自然环境相协调。自然环境或促进或阻碍税收制度的建立和发展。换句话说,自然环境在某种程度上决定了某一国家政府在建立该国税收制度方面的自由程度。税收环境受不同因素的影响,如:(1)经济结构及社会工业化程度;(2)收入分配;(3)经济开放度和全球化程度;(4)政治制度;(5)正规会计的使用;以及(6)技术发展。

首先来谈谈结构性因素。长期以来,一个国家的经济结构是影响税收制度形成的重要因素,但这一点并未引起经济学家的关注(见Tanzi,1994)。经济结构能限制或促进某些税收的使用,因此,经济结构既影响税收水平,也影响税收结构。人们都知道经济的"开放性"是决定发展中国家税收水平的一个可能要素,例如,人们会以进出口占GDP的比例来衡量发展中国家的税收水平(见 Tanzi,1973)。而近几年的大量研究也证实了经济开放性和税收水平的关系。一个国家与其他国家的贸易往来越多,税收就越会增加。如已故的马斯格雷夫(Musgrave)教授所说的那样,对外贸易为国家政府提供了重要的"税柄"。然而,鲜有人知道,工业国家的所得税之所以变得日益重要,不仅是因为社会和政治的不断发展,也因为经济结构发生了变化。

关于结构变化,有两点值得特别注意:一是个人向大型企业出售劳务或允许他人使用其资产(有形或金融财富)所得的个人总收入比例增加;二是收入来源逐渐集中于更少、更大的经济单位(如政府、大公司、大银行等)。源泉扣缴要求个人收入由他人和大型机构支付。那么在以个体经营或小企业为主体的地区,所得税就无法蓬勃发展。

各国税务管理部门逐渐意识到纳税遵从与源泉扣缴之间的密切关系。也就是说,当一个国家开始去工业化,大型企业逐步消失,则会进一步造成政府增税能力的下降。一般认为发展中国家的所得税表现不佳是由于税收管理不善造成的,但所得税在很大程度上取决于国家的经济结构。拉丁美洲和其他发展中国家的工资和薪金在国民收入中所占的份额很低，个体经营和自给自足的经济活动占有很大比例，这使发展中国家很难从个人所得税中获取大量收入。

其他结构性因素（如农业收入占国民收入的比重、矿产出口占出口总额的比重、大型零售企业的发展）也在征收所得税和销售税上起着重要的促进作用。这些结构性因素通常影响一个国家可行的税制类型，因此，忽略这些因素的税收制度会屡屡失败。有国家试图仿效其他国家（通常是更先进的国家）的税收制度，或有国家认为可采用所谓的最优税收制度，其往往忽略了上述因素。这就解释了为什么其他国家的建议有时不具备参考价值，因为这些建议是由其他国家的专家在本国经济结构的基础上提出的。

再来谈谈宏观经济因素。税收制度也受到宏观经济因素的影响。例如，快速上升的高通货膨胀率将大幅降低一个国家不断提高所得税的能力（见 Tanzi，1977）。所得税似乎极易受到高通货膨胀环境的影响。进口税以及较低的一般销售税，与高估的汇率不能和谐共存。此外，经济繁荣和泡沫可能会人为地夸大部分收入，导致暂时性高税收，如第 6 章所示。当然，经济衰退对税收也有影响，尤其对部分税种而言。因此，在改革税收制度时，必须考虑这些宏观经济因素，同时对其可能造成的税收变化进行分析。

税收收入与 GDP 之比的变化往往归因于税收管理质量的变化，而事实上，这些变化可能只是宏观经济发展的直接后果。宏观经济变量（如通货膨胀、汇率、利率、工资率）的变化与税制水平和结构变化之间的关系仍然是税收领域中一个亟待探索的问题。但不可否认，忽略二者关系的税收改革终会面临失败。

　　第三个影响因素是技术。与许多其他行业一样，技术在税制改革中发挥着越来越重要的作用。技术发展可能体现在"发明"或"发现"新税种、新的征收技术或其他领域的发展。一个世纪以前，所得税也是基于理论雏形而创设的新税种，现在说起来人们可能觉得不可思议。塞利格曼（Edwin Seligman）作为 20 世纪初税收领域最有影响力的学者，也曾对所得税这种新税收表示高度怀疑（见 Seligman，1914）。如果不是因为源泉扣缴这一"技术发展"以及政治格局的改变，所得税不可能取得今天的发展。在美国，工资和薪金的源泉扣缴是在 1943 年开始实行的，在所得税实行 30 年之后。罗纳德·里根（Ronald Reagan）当时任加利福尼亚州州长，他曾考虑取消州所得税的源泉扣缴，因为他力图增加征税阻力，以减少公共开支以及政府对经济的干预。在里根看来，源泉扣缴使征税更加容易，这显然与里根的愿望背道而驰。

　　增值税代表着税收技术的又一项重要发展。增值税的"产生"只有几十年的历史，起源于欧洲经济共同体（European Economic Community）的建立。欧洲经济共同体要求对出口产品所含税款给予明确的退税，同时要求对进口产品征收明确的税款，所征收的税款不能用于获取不正当的贸易优势。如果没有欧洲经济共同体的建立，增值税就不会得到广泛的应用。增值税起源于欧洲经济共同体，在文化或政治因素的影响下，逐步推广至非洲和拉丁美洲等其他地区，成为一种全球通用的税种。

　　还有其他"新税种"（如现金流税、支出税、总资产税、金融交易税等）是多年来在某些国家产生的不常用税种。在未来，哪些税种会发挥重要作用还尚未可知。机遇、政治和技术都会是影响因素。唯一能确定的是，未来占主导地位的税收结构一定包括现有结构里不存在也难以界定的元素。

　　税收发展的影响因素也包括计算机和其他技术（如互联网）的应用以及日益扩张的全球化。网上购物给税收制度带来越来越多的难题。计算机也促进了税收制度的改变，使税收管理部门关注和更偏向能够使用计算机技术进行管理的税种（比如增值税）。征税成本不可避免地会影响未来税收的选择，而征收成本的控制则包含计算机和其他技术的应用。越来越多的国家要求以电子方式提交纳税申报。

　　技术在某种程度上决定了生产要素在国家之间的转移的便利程度。通过增加生产要素的流动性，税收对国际竞争力和生产地选择的影响力也会增强。资本往往比劳动力更具流动性。而合法的人才流动更容易出现于受教育程度高且年轻的劳动力群体。因此，资本和更年轻、受教育程度更高的劳动力一旦面临缴纳更高的税额，就更容易产生移民倾向。事实上，政府在降低流动人才的税率方面已经面临着巨大的压力。正如我们将在后面几章中讨论的那样，一些经济学家甚至认为政府最终会对流动资本实行零征税。同样的情况也可能发生在高端和流动性人才的身上。当然，如今针对这部分生产要素的税率已经大幅下降。

　　上述因素都可能在未来影响税收结构和水平，随着时间的推移，其影响力也会逐渐加强。事实上，这些因素已经通过改变税收制度影响税收政策。随着世界经济变得更加开放和一体化，结构性变化和技术变革终将迫使税收进行重大改革。若逆此浪潮而行，结果必然不会理想。当全球化进程结束时，时代的变化将在税收制度上一一体现。

　　税收专家应持续关注上述因素的发展。

注　释

① 1900—1901 年,法国、英国、德国和美国的税收占国民收入的比例分别为 15%、10% 和 8%。

② 引自 Richard Goode（1964，p.3）。

③ 该句话引自《华盛顿邮报》,是时任美国国会筹款委员会主席米尔斯（Wilber D. Mills）发言时所说（更多详情请参考坦茨在 1988 年和 1992 年发表的文章）。

参考文献

Goode, Richard, 1964, *The Individual Income Tax* (Washington, DC: The Brookings Institution).

Leroy-Beaulieu, Paul, 1888, *Traité de la science des finances*, Tome Premier, *Des Revenue Publics* (Paris: Guillaumin).

Seligman, Edwin R. A., 1914, *The Income Tax: History, Theory, and Practice of Income Taxation*, Second Edition (New York: Macmillan).

Tanzi, Vito, 1969, *The Individual Income Tax and Economic Growth* (Baltimore: The Johns Hopkins University Press).

Tanzi, Vito, 1973, "The Theory of Tax Structure Change during Economic Development: A Critical Survey", *Rivista di Diritto Finanziario e Scienza delle Finanze*, vol.32, pp.199—208.

Tanzi, Vito, 1977, "Inflation, Lags in Collection, and the Real Value of Tax Revenue", *IMF Staff Papers*, vol.24, no.1 (March), pp.154—167.

Tanzi, Vito, 1980, "The Underground Economy in the United States: Estimates and Implications", *Quarterly Review*, Banca Nazionale del Lavoro (Rome), no.135 (December), pp.427—453.

Tanzi, Vito, 1988, "Forces that Shape Tax Policy", in Herbert Stein, editor, *Tax Policy in the Twenty First Century* (New York: Wiley, pp.266—277).

Tanzi, Vito, 1992, "Structural Factors and Tax Revenue in Developing Countries: A Decade of Evidence", in Ian Goldin and Alan Winters, A., editors, *Open Economies: Structural Development and Agriculture* (Cambridge: Cambridge University Press).

Tanzi, Vito, 1994, "Taxation and Economic Structure", *Public Choice Studies* (Japan), no.24, pp.35—45.

Tanzi, Vito, 2017, "Corruption, Complexity and Tax Evasion" paper presented at the "Tax and Corruption Symposium" organized by the UNSW Business School, Sydney, 19—20 April.

Tanzi, Vito, 2018, *Termites of the State: How Complexity Leads to Inequality* (New York: Cambridge University Press).

2

工业化、全球化和税收

2.1 引言

本章主要讲述工业化和经济全球化从过去到现在对政府征税能力产生的影响。过去几十年里,税收从经济上支持政府执行决策以及履行发放福利的义务,以满足发达国家公民的需求。本章旨在从历史的角度说明经济结构以及国际经济关系的变化在过去如何影响税收水平,现在又如何影响结构。

本章将讲述工业化国家在过去两个世纪里的税收发展史,这将解释当今税收之所以面临挑战的原因。这些问题如果未得以明确,可能会影响政府的征税能力,从而导致国家乃至全球危机随着近年来的经济危机进一步加剧。

本章也将提到在过去两个世纪里,尤其是近几十年,经济的发展如何使政府可使用的税收计划更具弹性。同时也会讲述政府对收入的需求是如何增长的。

本章从历史角度出发进行简要阐述。所涵盖的问题较复杂,因篇幅限制无法进行更专业、详尽的描述和分析。对此感兴趣的读者可以在参考文献中查询更多详情(特别见 Tanzi,1995,2002,2011)。

2.2 从工业革命到大萧条时期

在18世纪下半叶工业革命的这段时期内,现代国家和现代经济体开始出现,到了20世纪20年代末,国家所发挥的经济作用开始迅速改变。工业经济全面运作之时,政府对税收的需求相较于第二次世界大战时期较小(见 Tanzi,2011)。

在很长一段时间内,(1)个人所得税扮演了微乎其微的角色。(例如,直到1913年美国人才开始缴纳个人所得税;而英国的所得税在拿破仑战争期间就已经被引入,但后来却被废除,纳税人的纳税记录也被清除);(2)增值税作为当今世界大多数国家税收制度的"主力军",其价值尚未被发现;(3)许多国家依靠对外贸易税、财产税、对国内经济活动征税[例如对意大利研磨咖啡(macinato)征税]以及对国内商品跨地区贸易征税来获得公共收入。正是因为很多税收都基于"假定"的标准来计算,所以在那个时期,现代会计无法发挥作用来决定个人和企业应尽的纳税义务。

在大多数国家,税收总额在 GDP 中所占比例很小(通常在 15% 以下),而在包括美国在内的少许国家,该比例甚至低于 10%。现代福利国家尚未建立,大多数政府对公共收入的需求(我们称之为税收需求)以现在的标准来看是较低的(见 Tanzi and Schuknecht,2000)。就潜在的税收供给而言,可以将这段漫长的时期分为两部分(早期和晚期),尽管这两个时期的准确分界点难以界定,但我们将以 19 世纪 90 年代为大致分界点。

这一漫长时期的早期特征体现在大规模农业、乡村和非正规经济活动。当时只有较少人口居住于大城镇。在此期间,即使政府想向群众征税也相当困难。事实上,税收相关文献已经阐明了从农业和非正式经济活动中征税的难度。此外,当国家经济活动普遍为农业和非正规经济活动时,民众对政府服务和政府作用的需求也是有限的。随着城市化进程加快,对政府发挥更大作用的需求才会日益增加。因此,早期的税收供给和需求在税收负担较低的情况下(如税收占国民收入 10%—15%)达到平衡。

正如一些历史学家指出的那样,在这个时期,即便政府可达到更高的税收水平,也没有能力对税收加以有效利用。原因是他们没有相应的行政能力(见 Woodward,1962)。当时,由教会团体和其他慈善机构对穷人进行救济和援助。因此,政府无意重新分配收入,调节贫富差距,保护民众免受特殊风险(如疾病、年老、文盲或失业)。当时的再分配制度都是自下而上的,从群众到贵族制再到君主制。

随着 19 世纪工业革命的开始和迅速发展,开始改变的不仅仅是经济结构和社会关系,还有新技术的引进和传播(铁路、电力、蒸汽机、火车和轮船等),同时,需要大规模工人的大企业应运而生。工人一旦进入企业就脱离了原先的生活区域、家庭、社会和经济支持。这一变化加快了城市化进程。工人需要提高文化水平,社会需要为日益增加的工人及其他民众提供社会服务。这些需求在 19 世纪的最后十年尤为明显。

于是,政府被赋予新的责任和职能,需要更多训练有素的公职人员、更高的公共支出和更多的税收收入。经济变化也为提高税收水平提供更多的可能性。

随着政策的改变、蒸汽轮船和铁路的出现,国际贸易不断增长,新的"税柄"得以产生,供政府运用。包括美国联邦政府在内的一些国家采用了这些新"税柄"。新"税柄"有助于增加政府的潜在税收供给(见Musgrave,1969)。这一时期,经济日益全球化对税收产生了有利影响。尽管此时的国际贸易仍然局限于各国特有商品的贸易交换。

19 世纪末前夕,局势进一步发生改变。在德国,随着俾斯麦(Otto von Bismarck)于 1890 年提出的福利改革以及著名经济学家阿道夫·瓦格纳(Adolph Wagner)的著作进一步传播,人们(尤其是劳动人民)开始意识到国家政府在经济中所发挥的作用(见 Tanzi and Schuknecht,2000;Tanzi,2011)。同时,经济结构开始快速改变,提高税收的可能性随之增加。因此,政府对税收的更高需求可以通过增加税收的潜在供给来满足。当政府有效利用高税收时,税收的增收能力同步增强。更有效率的"官僚国家"正在形成,这个国家可以依靠训练有素的公职人员来使用更多的公共资源。

20 世纪的到来让一些国家的经济结构进一步改变(大型工业企业雇佣大规模工人;聘请更多会计;增加工业产品的生产;增加对外贸易;城市人口增加;非正规经济活动减少)。这些改变提高了政府增加税收收入的潜力,使政府有能力提高税收水平,为政府活动提供更强大的经济支持。与此同时,社会和政治发展导致公共开支增加,因此税收需求也相应增加。

社会和政治发展中尤为重要的是民主议会制度开始建立;工会组织的力量逐渐扩大;对垄断的控制加强;社会主义和国家主义意识形态日益普及;以及投票权的扩大(女性也拥有了投票权)。这些发展为国家在经济活动中扮演更重要的角色创造了舞台,因此不可避免地需要更高的税收水平来支持政府的角色转变(见 Tanzi and Schuknecht,2000;Tanzi,2011)。个人所得税的产生和推广就是这一时期的重要发展之一。

尽管国家间仍有贸易往来,尤其是特定国家生产的基础商品贸易以及香料和奢侈品贸易(也存在国际资本的流动,如政府贷款和基础设施项目的资金流通),大多数产品的消费和生产资源仍由本国市场提供。因此,除了需要进口的基本商品(铁、煤、羊毛、丝绸、皮革等)之外,产品的成本几乎完全反映了国内增加值。与企业工业活动的债务融资相关的资本流动很少。人们为最终产品而不是为生产和组装产品部件进行跨国支付,几乎不会为知识产权投入(例如专利;商标;版权;保险费;企业总部提供的服务,包括产品研究和发展服务)的使用进行支付。这一时期几乎没有任何对知识产权的保护。

2.3 前全球化时期福利国家的建立

虽然在大萧条开始的前几十年里,政府就开始要求提高税收占

GDP 的比例,但大萧条期间,一些国家出台的政策加速了这一进程。新政策的结果是,政府开始需要更高的税收收入,私营部门也开始比过去更多地依赖私人债务(见 Mian and Sufi,2014)。

在 20 世纪 40 年代到 60 年代的几十年间,经济学家提出了与"市场失灵"概念相关的理论。与前几年的"古典经济学"时期相比,经济学家更加相信自由市场可能会因理论等种种原因而失败,国家干预是正当的行为。他们还认为,在处理"市场失灵"和通过政府行动加强公民福利方面,政府的作用远远大于人们的预估。当时,政府公职人员人数暴增,同时达到马克斯·韦伯(Max Weber)理论中所提及的"聪明或理想官员"的标准。政府公职人员能够更好地执行和监督公共政策。在大萧条时期,美国和其他国家的公职人员以及政府雇用的经济学家的数量都大幅增长。

一些工业国家在二战后不久的几年里建立起福利国家,其中一个原因是基于一种新的理念——政府行为可以增强公民福利。20 世纪 20 年代以前,收入分配问题引起了人们的广泛关注。累进所得税和面向社会的公共支出可以使收入分配达到均衡。19 世纪下半叶,德国的阿道夫·瓦格纳(Adolph Wagner)提出,政府的政策可以在市场经济中维持收入和财富的平均分配。这一观点得到了广泛的支持和几位主要的主流经济学家的认同。当然,直到二战后,这个观点才在主流经济学家中广泛传播。

政府要扮演新的经济角色,需要付出昂贵的代价。经济大萧条结束后,一些工业国家的税收水平开始迅速上升。各国政府要求在增加税收的同时,应相应调整国家经济结构,从而满足增税需求,使税收水平迅速提高成为可能。当时,工业化国家的经济活动已趋于正规,乡村经济活动减少,工业化进程加快。国家成立了大量企业,雇用大批工人,采用国家集中创收的方式,促使政府更容易从工人和企业那里征收所得税,征税方式通常是从源头预扣税款。当然,由于大萧条和二战,国家经济变得不那么开放。

诺贝尔经济学奖获得者罗纳得·科斯(Ronald Coase)在1937年发表的一篇论文中提出:某些活动的经济结构越复杂,投入生产资源所产生的交易成本就越高。这种因生产要素而产生的交易成本一旦增加,企业规模也会相应扩大。他认为,通过扩大企业规模以及建立企业内部的计划经济,企业可以在使用生产要素的同时降低内部的交易成本。工业化和复杂产品(汽车、飞机、轮船、电器等)的生产会使得大企业的规模进一步扩大。"福特主义"就反映了这种发展趋势。

集中创收、集中产品生产地(在大企业内部),以及企业大规模雇用员工,降低了政府征收所得税的难度。为记录企业的财务运作、成本和收入,大企业对现代会计产生了更大的需求。现代会计的使用对征税(所得税、利润税和增值税)也很有帮助,甚至可以说是必不可少的。

从经济大萧条时期到20世纪70年代,资本流动仍然受到很大限制,因此经济变得相对封闭。金融全球化和经济市场的兴起使未来各国经济关系呈现以下特征——最终产品不是由几个国家分别生产,而是由跨国公司共同负责生产和组装,并在全球进行销售和提供服务。而以互联网为基础的经济继而出现。从20世纪70年代开始,大型跨国公司变得日益重要。在21世纪大型跨国公司不仅生产有形产品,也生产无形产品,因此"知识产权"越来越得到重视。

从销售额和产品利润以及员工数量来看,许多跨国公司(如谷歌、苹果、微软、三星、亚马逊、Facebook)正在日益壮大。国家间贸易和跨国企业的贸易都在迅速增长。21世纪的头十年,跨国公司贸易甚至超过了国家间贸易。许多企业的生产不再主要面向最终的消费者,而是更多面向位于其他国家的相关企业。在此之前,国家间的贸易对象主要是真实有形的产品。而到了21世纪,贸易对象更多是知识产权和无形产品。

二战后,尤其在20世纪50年代,国家在经济中扮演的角色范围逐步扩大,税务部门效率进一步提高。其中一个原因是前文所提到的经济结构的变化。另一个原因则是因为二战使政府意识到提高税收收入的必要性。个人所得税的重要性不言而喻,而在20世纪60年代及其后几年,许多国家的税收体系中增加了增值税的征收,进一步强化了所得税对税收总收入的贡献。

由于经济大萧条期间的罗斯福新政,以及二战后英、法、比利时和斯堪的纳维亚等国家的改革,"福利国家"逐步建立。在国民支持下,部分国家(如斯堪的纳维亚国家、法国、英国、比利时)的福利制度比其他国家(美国、澳大利亚、蒙古国、德国、瑞士、西班牙)发展得更为健全。这些福利国家尽管采取不同的形式,但都需要更高的税收水平。福利制度的范围从1930年罗斯福新政和1960年"向贫困宣战"(War on Poverty)等小规模政策,逐步扩大到全国范围的改革,如英国在二战后颁布"贝弗里奇报告"(Beveridge Report)、斯堪的纳维亚国家和其他一些国家(包括法国)颁布了保障公民毕生权利的政策。

福利国家既需要高水平的公共开支,又需要更多训练有素的公职人员,因此税收水平很高。二战之后,很多发达国家的税收水平急剧上升,到20世纪最后十年仍处于增长中,除了少数例外,某些国家的税收水平甚至达到历史最高。部分发达国家的税收占GDP份额超过了 40％。然而，大部分国家的税收水平在 20 世纪 90 年代停止了增长。随着 21 世纪到来，所有工业化国家的税收水平都不再上升，甚至开始下降。下一节将讲述这一变化趋势产生的原因，以及经济全球化在其中所扮演的角色，同时讨论供给和需求因素在税收生态变化时所发挥的作用。

2.4　全球化及其对税收结构和水平的影响

正如前文所述，几十年来，相对友好的税收环境使发达国家能够大幅度且相对容易地提高税收水平。但是，自 20 世纪 80 年代和 90 年代，税收水平的提高由于各领域的全新发展开始面临挑战。特别是到了 21 世纪，困难变得更加明显。20 世纪 90 年代"华盛顿共识"（*Washington Consensus*）的提出推动了许多国家经济政策的变化，使国家经济更加开放。进出口产品占 GDP 的比重增加，进口关税减少。资本在各国之间自由流动，真正的全球金融体系应运而生。计算机技术的发展更促使一个全新开放式金融系统产生，使每天数万亿美元的跨国贸易成为可能。这些发展势必会对政府的征税能力产生重大而深远的影响。

通过进口生产资源来制造最终产品和产品部件的多国合作变得日益重要（见 Tanzi，1995，2002）。由于最终产品是由多个国家生产，因此很难确定产品的真正原产地以及创造产品市场价值的生产地。我们只可能知道产品组装和出口的国家。许多最终产品的零件都是在多个国家制造，然后在其出口国进行组装（例如中国、德国、美国、韩国等），随后再被销往世界各地。

　　同时，一个最终产品的零件通常是由销售最终产品的同一家跨国企业的"子公司"或"分公司"生产的。而不是在自由市场以市场价格进行购买。这个过程给国家税务机关的征税造成了困难，因为税务机关无法界定该产品中在本国生产的部件究竟有多大的市场价值。如果各产品部件是在自由竞争的市场由各个公司分别进行销售，那还有可能去确定产品零件的市场价值。因此，税务机关很难通过最终产品的销售额去确定和分配一个公司在该产品上的销售总利润，因为有多个国家都参与了这个最终产品的制造。这种日益严重的问题被称为"转移定价"。

　　税收部门试图依靠所谓的"公平交易原则"来解决此问题——该原则是由 OECD 提议的。该原则规定生产零件的当事方在交易中没有任何关系。然而对于某些税收机关来说，这项原则很难应用。可以看到，日益深化的全球化已经极大改变了税收制度的生态环境。随着时间的流逝，现有的税收制度在新环境中将面临越来越大的挑战。

　　由于"转移定价"问题，企业有了充足的空间来操纵成本，比如在税率低的国家（如爱尔兰）的销售上报高利润，而在税率高的国家（如美国）的销售则上报低利润。此外，债务融资取代了很大部分的股权融资，导致全球私人债务增长。通过债务融资，向债权人支付的利息被视为税收成本，而向持有股票的股东支付的股息则不是。因此企业更愿意向居住在低税率国家的个体支付股息，从低税率国家的公司借贷资金。这就导致了"资本弱化"的问题。降低利润的同时也降低了公司应纳税额。通常，融资行为主要出现于"避税天堂"的金融机构，以方便企业在支付利息时逃税，即便无法逃税也能以低税率缴税。债务融资究竟增加了多少全球债务，至今仍是一个备受争议的问题。

此外,跨国贸易中知识产权的使用(如专利、商标、版权等)也出现了一些争议。近几十年来,知识产权交易量急剧增加。但是,由于知识产权的价值难以衡量,因此无法计算其成本,从而助长了知识产权的滥用。另外,市面上的知识产权通常由具有"专利盒"制度的"避税天堂"提供。正如互联网购物已逐渐普及,网上购买无形产品也越来越方便,使卖家位置难以确定,因此难以向买家征税。

如今的跨国企业(如谷歌、微软、Facebook等)主要售卖的是无形产品。在短短几年内,部分跨国企业已成为全球大企业。但报告表明,尽管这些企业在经济上获得巨大利益,却仍使用各种形式的税收筹划来避税。

技术发展带来了所谓"财政白蚁"(见Tanzi,2001)。这些"白蚁"为纳税人(包括企业和富人)创造了越来越多的机会来避税或逃税。最近,对美国等一些国家的纳税情况的研究表明,逃税或避税金额已经高达数千亿,而G7和G20等一些国家集团也表达了对日益增长的全球逃税或避税金额的担忧。"财政白蚁"如不加以制止,会很快改变税收制度运行的生态并破坏现代税收制度的基础。对于部分纳税人来说,"财政白蚁"已经阻碍了他们减税的可能性,因为他们无法像小企业和普通工人那样利用机会来避税。

"财政白蚁"不仅导致了"避税天堂"的发展,同时导致许多企业开始使用所谓的"收费"和"三角化"策略,从指定外国企业出售或购买产品或服务,并在产品再次投入使用时对价格进行调整,以便在税率较高的国家上报较低的应纳税利润。

滥用"转移价格""收费"策略和"三角化"策略;随意评估知识产权的价值;过度使用债券融资而非股权融资,尤其是从"避税天堂"的机构借贷资金;操控利率以及保险费等行为皆导致了跨国企业和富人通过"税收筹划"并利用新税收生态进行避税。与过去相比,目前生产决策(生产地和生产原料)更多地是考虑税收因素而不是生产成本。同时,在许多企业中,税收筹划人员甚至比工程师和其他岗位的人员更加受到重视。这些企业可以被理解为避税的需求方。

避税行为也存在供给方。供给方与"避税天堂"和"离岸中心"的发展息息相关。"避税天堂"和"离岸中心"靠利用机会从"世界税收基础"中获取利益或租金而产生。由于税收竞争以及"避税天堂"和"离岸中心"的发展,各国税基之间的联系越来越紧密。现代税基的一部分是进出口额(见 Tanzi,2016)。在过去,国家税基可为国家机构所用,而不受国外市场的影响,现代世界税基则已将所有或至少部分国家税基联系起来。从某种意义上说,世界税基具有经济学家和政治学家提出的"公地"的共同特征。

众所周知,"公地"会引起"公地悲剧"。公地悲剧这个概念的普及来源于社会学家加勒特·哈丁(Garrett Hardin)于 1968 年在《科学》(Science)杂志上发表的文章,当然该文章探讨的是环境而不是税收(见Hardin,1968)。而哈丁在此文中所提到的观点,在很早之前就引起了经济学家们的关注,即"公地"会因自由和不受限的使用而被过度利用。最终,"公地"会丧失生产力,比如全球捕鱼业和淡水使用会受到影响。造成这一现象的原因是过度使用"公地"所获取的利益私有化,而使用成本却很分散,此时"公地"则失去大部分经济价值。这也是当前国家税基所面临的危险。正因为全球化为跨国企业和"避税天堂"提供机会滥用"公地",国家税基丧失了为本国政府提供税收收入的生产力。

对"世界税基"的剥削存在不同形式。小国家(如列支敦士登、卢森堡、瑞士、爱尔兰、荷兰、巴拿马、塞浦路斯、新加坡等)希望采用能够吸引更多"世界税基"的国内税收规则,这部分"世界税基"本应由产生应税基数的企业或个人所在国家进行征税。另外,许多"避税天堂"地区也以收入或销售的形式吸引了部分"世界税基",甚至大国的某些地区(如美国的特拉华州和英国的马恩岛)因地区法律法规而具有"避税天堂"的部分特征。

上述情况最终会导致部分世界税基从高税率地区转移到低税率甚至零税率地区。此外,针对"避税天堂"的法规更加宽松,为逃税和腐败行为滋生提供了便利。这些地区实际引进的经济活动远远低于所引进的税基(见 Tanzi,1995,2002)。安提瓜岛、百慕大群岛和爱尔兰皆是如此,与它们声称和利用的税基相比,实际经济活动要少得多。这些国家在没有实际经济活动进口的情况下进口了应税税基。

某些纳税人(企业和个人)通过复杂或不完善的国家法律,利用机会(合法或不合法)进行税收筹划。受害者依然是国家政府。由于税收筹划策略,政府失去了部分税收收入,或无法继续增加税收为公共建设提供资金支持。遭受税收损失的国家通常会被迫将税收负担转移到其他难以逃税的经济体中,或增加公共借贷并削减公共开支。国家甚至会被迫征收恶税,此过程通常被称为"税收降级"。

多年来,许多国家为提高税收,被迫增加公共借贷,或将税收负担转移到难以避税的经济主体上(如务工人员和小型企业)。政府也被迫征收恶税,使税收系统缺乏公平和效率,导致生产率低下。

这些问题导致一些国家甚至放弃指导税收政策制定的基本传统原则,比如,税收政策制定最重要的原则之一是无论收入来源何处,收入就是收入，因此，所有收入，无论其来源，均应一视同仁，按相同的税率征税。但是，个人收入相比企业则更具有正当理由来按累进税率征税。近年来，税收逐步摒弃了对所有形式的收入统一征税的原则（Haig-Simons/the Hicks 原则），回到某些国家（如意大利）早些时期的征税方式，即征收契税，对不同的收入来源采用不同税率。

19 世纪，一些意大利公共财政专家建议区别对待不同的收入来源，因为不同的收入来源存在不同的逃税机会，这种差异化证明了对部分收入来源采用不同的法定税收规定是合理的。他们认为，对于逃税机会大的收入来源，征收的税率应该更高，以弥补逃税造成的税收损失。这种方法当然备受质疑，因为它用"横向均等"来解决"垂直均等"的问题。

最近几十年来，尤其是自 20 世纪 70 年代以来，许多有影响力的经济学家［罗伯特·卢卡斯（Robert Lucas）和拉里·萨默斯（Larry Summers）］提出，资本的国际流动性越强，对其征收的税率就应越低（见 Tanzi，2014），以防止本国资本流动到税率较低的国家。一些经济学家甚至建议对流动性高的资本来源采取零税率征税。这种新思想使针对股息、利润、利息收入、资本收益以及其他资本收入来源（对高收入个人尤为重要的来源）的税收在许多国家大幅下降，加剧了某些国家收入不平等的现象（见 Alvaredo et al.，2013）。这一问题将在后面章节进行详细阐述。

自 20 世纪 70 年代以来，许多国家的收入掌握在收入最高的 1% 的人手中。在美国等国家，这一现象已经造成严重的社会问题，引发了越来越多的民粹主义者的抗议。税法的改变是导致这一现象产生的原因之一，也为各国提高或保持税收水平增添了难度。根据欧盟统计局 2013 年发布的统计数据,在 29 个欧盟国家中,有 25 个国家在 2010—2011 年的税收在 GDP 中所占比重低于 2000 年(Eurostat,2013)。

21 世纪以来,OECD 成员国的税收水平都没有提高,甚至还有所下降。与此同时,政府仍持续面临提高税收的压力,以维持高额的公共支出以及财政赤字和公共债务(见 OECD,2015)。大多数国家的税收水平在 20 世纪 90 年代达到巅峰。与此相比,比利时、加拿大、捷克、芬兰、爱尔兰、新西兰、荷兰、斯洛伐克、瑞典等国家的税收水平显著下降。平均税率的下降可能是由于政府对高税收的需求减少,这是由于政府重新评估了人们对政府角色的期望。这与 20 世纪 90 年代瑞典和加拿大等国家的情况大不相同。反过来,可能正是因为提高税收所面临的困难使政府不得不重新对自身角色进行评估。

这些困难是由于全球化、新技术和经济结构的变化带来或增加的,这改变了税收系统的生态,减少了易征税的"税柄",使政府更难维持高税收水平,从而给税收制度带来新的挑战。正如最近披露的那样,那些占据国家经济重要地位并仍日益扩大的企业(如谷歌、苹果、星巴克等)却缴税很少,那么易征收的税收水平必然受到影响。正如近年来在一些国家大幅下降一样,当依赖工人的收入比例减少时,国家也在失去一个重要的"税柄"。

全球化和技术发展滋生的"财政白蚁"近年来对现代税制的基础进行了破坏。如果不进行遏制,"财政白蚁"势必对政府造成长期负面影响,如果这些"白蚁"行为得不到遏制或阻止,可能会长期影响 20 世纪 90 年代以前公众已经习惯的政府履职水平,使政府无法发挥公众所期待的职能。那么市场能否替代政府发挥相应职能,是一个值得深思的问题。

2.5　结论

本章论述了经济政策发展中的重要问题：许多国家在提高或维持税收水平方面遭遇越来越多的严峻挑战。当前经济发展呈现以下趋势：国家经济结构的变化；公众对政府角色的期待有所改变；以及国际经济关系的变化。多年来，这些趋势（1）逐渐增加了政府对公共资源的需求；（2）促进了高税收水平；（3）在近几十年来随着全球化和技术变革给政府征税造成阻碍。税收所面临的挑战主要因为各国之间日益加剧的不公正的税收竞争，以及跨国经济主体（大型企业和富人）的逃税或避税行为。当然，经济的结构性变化也起了一定的作用。

鉴于上述问题，各国有必要改变某些指导税收原则和遵守税收规定的规则，也有必要改变目前引领国际经济关系的架构。在过去几年发表的论文中，我曾提议创建一个世界税收组织来指导具有国际影响力的国家进行税收政策改革（见 Razin and Sadka，1999）。该组织会成为一种全球公共资源（见 Tanzi，2016）。如果缺乏类似机构或国际协议，不正当竞争、国际避税以及"偷猎"其他国家的税收基础等一系列问题则可能愈演愈烈。

当然，即使没有世界税收组织，国际政治组织也应协调各国进行改革，包括（1）促进国家间信息交流；（2）要求在多个国家/地区经营的企业向所涉国家/地区的税务机关进行全面报告；（3）依据一定准则分配各国之间的贸易利润；（4）更全面地定义税基；（5）更有效地利用来源税；（6）限制国家使用税收优惠政策。

以上措施是否有效尚待考察。当然，更有效的措施是各国政府在未来实现低税收,并以此为依据合理制定经济规划。这一结论适用于积累了大量公共债务的国家,要知道,公共债务的风险远远大于其收益。

参考文献

Alvaredo, Facundo, Anthony B. Atkinson, Thomas Piketty, and Emmanuel Saez, 2013, "The Top 1 Percent in International Perspective", *Journal of Economic Perspectives*, vol.27, no.3, pp.3—20.

Coase, Ronald, 1937, "The Nature of the Firm", *Economica*, vol.4, pp.386—405.

Eurostat (2013), *Taxation Trends in the European Union*, edition 2013 (European Commission: Belgium).

Hardin, Garrett, 1968, "The Tragedy of the Commons", *Science*, vol.162, no.3859, pp.1243—1248.

Keynes, John Maynard, 1926, *The End of Laissez Faire* (London: Hogarth Press).

Mian, Atif and Amir Sufi, 2014, *House of Debt: How They (and You) Caused the Great Recession, and How We Can Prevent It from Happening Again* (Chicago and London: University of Chicago Press).

Musgrave, Richard, 1969, *Fiscal Systems* (New Haven, CT: Yale University Press).

OECD, 2015, *Revenue Statistics of OECD Countries* (Paris: OECD).

Razin, Assaf and Efraim Sadka, 1999, *The Economics of Globalization: Policy Perspectives from Public Economics* (New York: Cambridge University Press).

Tanzi, Vito, 1995, *Taxation in an Integrating World* (Washington DC: The Brookings Institution).

Tanzi, Vito, 1999, "Is There a Need for a World Tax Organization?", in Assaf Razin and Efraim Sadka, editors, *The Economics of Globalization: Policy Perspectives from Public Economics* (New York: Cambridge University Press, pp.173—186).

Tanzi, Vito, 2001, "Globalization, Technological Developments, and the Work of Fiscal Termites", *Brooklyn Journal of International Law*, vol.XXVI, no.4, pp.1261—1284.

Tanzi, Vito, 2002, *Globalizzazione e sistemi fiscali* (Arezzo: Banca popolare dell'Etruria e del Lazio).

Tanzi, Vito, 2011, *Government versus Markets: The Changing Economic Role of the State* (New York: Cambridge University Press).

Tanzi, Vito, 2014, "The Challenge of Taxing the Big", *Revista de Economia Mundial*, no.37, pp.23—40.

Tanzi, Vito, 2016, "Lakes, Oceans and Taxes: Why the World Needs a World Tax Authority", in Thomas Pogge and Krishen Mehta, editors, *Global Tax Fairness* (Oxford and New York: Oxford University Press, pp.251—264).

Tanzi, Vito and Ludger Schuknecht (2000), *Public Spending in the 20th Century* (Cambridge: Cambridge University Press).

Woodward, Sir Llewellyn, 1962, *The Age of Reform, 1815—1870*, Second Edition (Oxford: Clarendon Press).

3

税收的复杂性

3.1 引言

我在几年前写的书中的一章中提到，复杂性正逐渐成为现代生活的一个主要特征（见 Tanzi，2007）。这种复杂性可能给市场经济带来严重的负面影响，正如其之前影响中央计划经济一样。国家经济决策制定者发现，经济的复杂性使中央无法对其实现全面控制。我在2007年的文章中列举了各种案例（发生在技术、金融市场、预算与税收政策以及其他领域）来讲述事物复杂化可能造成严重后果，甚至引发灾难或危机。这篇文章写于2005年，发表于2007年初，早于2008年金融危机的爆发。文中提醒人们警惕"系统［金融系统］性危机……可能会造成的危险",从某种程度上来说,这篇文章预见了经济危机的到来(Tanzi,2007,p.240)。

在2011年出版的《政府与市场》(*Government versus Market*)一书中我也提到了这个观点(Tanzi,2011a)。该书的重要评论家塞缪尔·布里坦(Samuel Brittan)于 2011 年 8 月 22 日在英国《金融时报》(*Financial Times*)社论版发表了一篇题为"复杂性是否会毁灭文明"(Can Complexity Unmake Civilization)的书评,其中提到"坦茨担心复杂性会摧毁人类文明",因为复杂性可能导致"国家捕获"(state capture),或者引发"以民粹主义为形式的民众抗议,对市场经济构成挑战"。他补充说:"有太多迹象表明这种情况正在发生。"这篇发表于 2011 年的文章,同样预见了近年来的发展现状(见 Brittan,2011)。

在本章中,我会着重讨论税收的复杂性。这个话题已经引起了一些关注,但关注度还不够。本章将对这一话题进行全面探讨,并指出致使税收制度更复杂、更不透明的相关因素。我们会看到,这样的税收制度一旦建立,其对国家经济的全面影响将更加难以评估。尽管税收制度的复杂化往往是一个循序渐进的过程,但一旦形成复杂化的局面,税收制度只会随着时间的推移而愈发复杂棘手。采取措施预防税收制度复杂化是十分必要的。

本章结构如下:3.2 节讨论造成税收复杂性的因素。3.3 节讨论了税收复杂性的形成原因。3.4 节着重探讨税收复杂性的后果。3.5 节用间接的定量方法对税收复杂性进行测量。3.6 节是结论部分。

3.2　造成税收复杂性的因素

经济学家赢得声誉,甚至获得诺贝尔奖,主要依靠其在经济学各领域发表的杰出而严谨的学术论文。与税收相关的论文主要讨论税收是否应该是最优的、线性的、统一的、累进的、双重的、中立的、公平的，或有效的，等等。从根本上说，经济学家是税收制度的缔造者。他们像建筑设计师一样，通过理论或设计，提出税收制度的基本路线或原则，但把具体的工作交由他人落实。他们一般不参与制定国家税法，也不参与税收管理。

建筑设计师一旦画好了新建筑的基本设计图，就会把具体工作交由他人实施。这里的"他人"包括结构工程师、水管工、电工、石匠、瓦匠、油漆工等专业人员。如果设计师不对这些专业人员的施工进行日常监督，最终的建筑成果可能会与他们的设想产生差异。然而，新建筑一旦竣工，除了日常维修和修整，通常在未来几年是无法更改的。

税收经济学家也扮演着类似的角色，其与建筑师的显著差别在于，他们在整个建设过程中的参与度极少。真正的税收制度通常不是经济学家的工作范围。经济学家很少真正参与重大税收改革或创立税收制度。一个国家的税收制度通常是由政府官员（公务员）制定的，这些官员可能并不具备全面的税收专业知识，而是依靠一些政客的建议。他们所制定的政策随后交由政府行政部门进行审查，并在进一步修改后由立法部门批准，最后成为税法。

参与其中的政府官员通常是律师、会计师、政策专家、政治学家、公共行政人员，偶尔会有经济学家。因此，经济学家所提出的税收理论无法对税法产生实际影响，对立法机关批准的具体税法作用更小。相关例证可参考卡尔多（Kaldor）的支出税、米尔利斯（Mirrlees）的最优税和现金流税。另外，一些更实际、具有政治吸引力的税收理论，例如，"固定税率"或"拉弗曲线"理论，对税法制定具有更大影响力。

行政部门的决策者和立法部门的立法者是各行各业的政治家,他们往往从自己特定的角度来看待税收制度。在许多国家,拥有法律学位的人员在政府职位上占主导地位。[①]因此,与建筑设计师对建筑的影响相比,经济学家对税收制度的初步设计,往往不如他们所预期的重要,因为他们的设计通常不能直接作用于制度建设上。这就意味着,税收制度的建立往往会背离经济学家最初进行的明了而清晰的设计。也就是说,税收制度的建立不需要用经济理论进行过滤。同时,其他对经济制度进行过滤的因素是存在的,如收入需求、中立性、低成本行政管理、公平性、经济增长潜力或对经济发展的期望。因此,税收制度的建立一开始就涉及种种复杂因素。一般来说,税收制度在建成后的几十年里虽会有频繁调整,但规模都很小。随着时间推移,情况就会愈加复杂,正如胆固醇的日积月累最终对心血管系统产生危害一样。

另外,人们对现行税收制度进行的更改通常是微小的,导致公众无法对其过程进行监督。这些细微的更改就像被蜜蜂蜇的刺痛,不会激起人们过多反应。只有在政府决定取消某项税收,或是经过媒体报道,才能吸引公众对某项税收政策的关注。取消某条税收规定可能只能引起部分群体的强烈反对,如曾推动这条规定制定的既得利益群体,或是批评人士。只有这时人们才意识到,这项政策为某些群体带来的利益,或是对政府造成的损失,是难以忽视的。

随着时间的推移,对原有税收制度所做的修改不断累积,慢慢改变了税收制度的根本。但是从表面上却很难看出。从税收经济学家呈现的数据(例如税收制度的统计结构)来看,这些变化通常并不明显。人们能看到的仅仅是冰山一角。然而,成年累月的微小变化都可能对税收制度产生重大的影响,如影响税收制度的分配效率、对公共收入的贡献、税收公平和税收负担、管理和遵从成本等。这些变化可能迫使政府依赖低效税收来弥补收入损失，从而引发"税收退化"，即"格雷欣法则"（Gresham's Law of taxation）所描述的"劣币"逐步取代"良币"的过程。

如果税收的唯一目的是增加公共收入，而一个国家的收入需求很小，那么可在最开始采用简单税制（见 Tanzi，2017）。如果采用简单税制，税收制度复杂化的进程可得到有效阻止，或者至少是可以得到遏制的。例如，向每个公民征收等额的人头税，是一种可行的简单税收制。另一个例子是对所有的最终销售额以同样的税率征收销售税。还有一种可能性是在市场价值可以客观评估的情况下，通过对财产进行市场估价来征收财产税。但是，这种简单税收会无法满足税收需要达到的目标，也无法产生足够的收入。

近几十年来，由于增加税收的需要（由于公共部门职能范围的扩大），以及现代社会税收制度需满足的需求增多，税收制度变得不再简单透明。人们期望现代税收制度应达到的目标越来越多，这就为特定的施压或游说集团提供借口，为其活动争取特殊待遇。毫无疑问，随着时间的推移，许多国家税收制度中引入的"税式支出""税收激励""税收减免"以及其他种类的（透明和不那么透明的）"税收优惠"政策使税收制度进一步复杂化。可见，税收制度的复杂性是一个日积月累的过程。政府应采取具体的行动来扭转这一趋势，否则税收制度会变得越发复杂。一般来说，税收制度存在时间越长则越复杂。

另一个需要探讨的问题是，税收制度的复杂性是否像普维亚尼（Amilcare Puviani）的理论所提到的"财政幻觉"一样（见 Puviani，[1901]1973），是政府有意采取行动的结果。[2] 虽然很难明确回答这个问题,但事实似乎并非如此。更合理的假设是,这种复杂性是民主进程自然发展的结果,因为民族进程允许各个既得利益集团、游说团体以及其他组织团体在詹姆斯·布坎南(James Buchanan)提出的政治市场中推动自身目标的实现,而每个群体都认为其目标或活动是有价值的,是与整个社会的目标保持一致的。然而,这一进程虽然是民主的,但并非是公平的。

这些既得利益集团的目标之所以得以实现,得益于现代社会发展过程中涌现的各种社会问题。另一个原因是各个团体所要求的税收改革规模太小,无法引起公众的关注或强烈的普遍反应。同时,集团与公众之间的信息不对称也有利于这些集团获取自身利益,所谓信息不对称,指的是利益集团掌握的信息更为全面,而公众所了解的信息较少,也缺乏动力去花时间和精力深入了解相关政策。

游说团体推动"税收减免"政策,使部分群体从中获益,但往往被公众忽视,或者说对大多数人来说,税收制度的微小改变也无关紧要。有时,对税收政策的修改可能是税务当局对现行规定进行重新解释,这样就不需要立法机关参与其中。③除此之外,所修改的政策可能被插入与税收关系不大,甚至毫无关系的立法提案中。那些要求或推动改革的群体往往比最终批准该政策的政府人员掌握更多相关信息。随着税收制度日益复杂化,要求减税的群体和最终决策者之间的信息不对称进一步恶化,成为游说团体和既得利益者的重要武器。

税收简单化是一种"纯公益",就像真正的公共产品一样没有明确、强有力的支持者来推动这种"纯公益"事业的发展。政府往往发现,简化税收制度的政治成本太高。即使是一开始尽量简化的税收制度或税收改革(例如1986年在美国实施的"基本税收改革"),由于攻击和滥用这些制度的"蜜蜂"越来越多,经过长期发展也会变得情况复杂。这些"蜜蜂"会将自身目的伪装成必要的"税式支出"和"税收优惠",从而要求"明显"有优势的税收政策对其进行特殊优待,等等。

对税收制度进行调整的需求可能由代表特定部门或地区的决策者提出,也可能由立法机构的人员提出。有些调整仅仅是税务部门或者外部会计事务所对税收政策进行重新解释。这种操作往往不受到税务机构质疑,或者在很长一段时间后才会引起公众关注。税务制度越复杂,纳税人就会更加努力使现行税法更有利于自身利益,如此则会增加避税或逃税的现象。随着时间的推移,税收制度逐渐变得更加不透明、更加复杂。随着税收制度复杂化,利益团体更容易找到漏洞,进一步对现有税收制度进行微不可察的调整,使该政策对少数团体有利,同时不会对公众造成过多损失或引发公众不安情绪。

已故诺贝尔经济学奖得主加里·贝克尔(Gary Becker)在多年前的一篇博客中很好地总结了这个问题:

> 税法的复杂性是一个很好的例子,说明了个人层面与整个社会之间有时会出现的理性冲突。每个利益集团都通过游说来争取自身利益,尽管这通常是以牺牲他人利益为代价的。当多个集团都成功获取自身利益,损失远远大于收益,因为它们尽管实现了自身的利益目标,但也在承受其他数百个集团给自身造成的损失(The Becker-Posner Blog,2006 年 4 月 16 日)。

这一点与曼瑟尔·奥尔森(Mancur Olson)提出的观点类似。在民主社会中,公众可以以小团体的形式组织起来,每个团体都会以牺牲整个社会的利益为代价来推动团体的利益(见 Olson,1965,1982)。我不愿就以下问题发表意见:民主程度较低的社会是否较少受到这种危险的影响,以便它们的税收制度能够较少地受到这种随着时间推移而日益复杂的过程的影响。而究竟是何种民主社会更容易解决上述问题,到底是总统制还是议会制,也需要进一步的研究探讨。

由于许多经济学家可能不太熟悉"税收制度复杂化的形成原因",因此我会在下一节简短地介绍税收游说及其相关组织。我所举的例证都来自美国,该国游说产业尤其发达,相关活动的资讯较多。当然,其他国家也存在类似机构。

3.3　税收复杂性的形成原因

在民主国家,个人可以自由地组织成团体,以保护自己的地位和促进团体的目标。这些团体可以代表行业、行业内的部门、地区,或具有共同特征的公民(老年人、退休人员、残障人士、少数族裔、学校教师等),或在社会问题上有共同利益(拥有武器的权利、堕胎权利、同性恋权利、动物权利、环保主义者等)。④这些团体建立代表他们的协会,通过他们的活动、出版物、研究和游说努力来促成他们的目标(尽管这一目标可能会与整个国家和社会的发展目标背离)。这些组织或协会经常雇用专业的说客来为他们效力。说客是高技能的专业人士,他们像其他活动中的专业人士一样,可以被利益集团雇用来促成他们的目标,并影响决策者、立法者、监管者或官僚的决定。

谷歌曾列出成千上万这样的游说组织,并公布了美国等国家游说组织的名称。这些游说组织合作的政治机构包括位于布鲁塞尔的欧盟委员会、位于巴黎的 OECD、位于日内瓦的世界贸易组织以及位于纽约的联合国。拥有更多社会资源的集团，比如企业和银行，甚至富人，都可以为包括"智库"在内的强大游说团体提供资金赞助，聘请最具影响力的说客。据报道，一位美国参议员德宾（Durbin）曾在采访中称："银行是国会山上最强大的游说团体……银行掌握着国会。"在 2010 年美国金融市场改革法案的讨论中，银行的权利和影响力显而易见。据报道，在此期间，银行花费了数亿美元游说国会议员。此外，其他团体，如代表能源利益或制药公司利益的团体，也做了同样的事情。

关于"说客"（指个人）和"游说团体"（指团体）这两个词的起源，存在一些分歧。早在 19 世纪 20 年代，这两个词就已经在美国使用了（见Byrd，1991）。在过去，游说只是少数人的个人行为，但是参与游说活动的个人近年来大幅增加，特别是在一些地区，俨然成为一个新兴行业。游说团体拥有的权利比过去大得多，一方面是因为随着政府在各领域的作用范围扩大，游说集团的影响力也延伸到了各个领域（如税收、监管决策、公共支出等）；另一方面也是因为从事游说活动的个人的素质和背景在不断加强。

越来越多的说客代表财力雄厚的组织和机构，如企业、银行、工会、外国政府、财富基金、亿万富翁。他们往往在政府担任要职，尤其是在较为敏感的部门担任要职。这些人可能是有权势的议会（或国会）成员，也可能是曾经为有权势的立法者工作过的个人、前部长、前高级公务员或军官（特别是在监管机构或国防部的官员）、前高级税务行政人员和前央行行长。美国的职业说客甚至包括前总统候选人。这些人能够游走于各个政府职位，为游说活动提供了便利。

正是由于说客的个人背景以及曾在政府任职的经历，他们往往掌握一手信息，且拥有人脉，帮助他们与政府部门的关键人员接触。因此,他们有能力左右与雇主利益相关的税收条款的立法、管理和解释权。这就是之前提到过的改变税收制度、造成税收复杂性的"蜜蜂"之一。反过来,这些说客也为政府的立法人员提供所需资金,帮助他们进行下一轮选举。

在说客之前的活动中,其获取详细的内部消息,了解相关程序、规则和法律,并能与相关部门的政府工作人员建立人脉关系。一些说客也会从聘请他们的个人或团体(既得利益集团)处获取有效、专业的信息。总体来说,说客所了解的税法相关信息量远远超过一般民众,甚至超过包括为决策进行投票的包括议会或国会议员在内的广大政策制定者群体。如果他们所针对的税法修改规模小,那么其影响力就会变大,因为反对会减少。

据报道,说客的收入是相当可观的(通常高达数百万美元)。因此,多年来,游说行业吸引了大批聪明且人脉广泛的人才。只有少数国家会对此进行管制或限制。另外,部分说客在知名法律公司或会计事务所内部运作,因为这些机构能够获取关于税法、税收制度和流程的专业详情。在某些情况下,说客的活动与政党的活动密切相关。部分说客本人也游走在政府各部门的敏感职位间。

游说团体和游说者的运作方式,可从 2009 年 1 月奥巴马政府提出近 9 000 亿美元的财政刺激法案的相关报道中窥见一二。《华尔街日报》(*Wall Street Journal*)在 2009 年 1 月 28 日的一篇文章指出:"支出法案的重要性吸引了一批代表不同利益群体的说客"(Hitt and Williamson, 2009)。例如,为"税收减免"游说的利益团体包括屋顶环境创新中心、地热热泵产业、美国鞋类制造商等。每个游说团体都想在财政刺激法案所涉及的 2 750 亿美元的减税方案中分得一杯羹。在长达数千页的法案中，"蜜蜂"很快就能找到可以运作的漏洞。这篇文章报告说，"税收激励政策的目的是为了鼓励企业进行资本投资、扩大对可再生能源的使用，以及帮助企业利用当前亏损申请退税"。还有很多税收激励政策都涵盖在所提交的法案中，很容易看出，这些激励政策会对美国税收体系复杂性产生何种影响。

游说活动是否成功推动税法修订，这一问题或许不需赘述。没有正式的数据能够直接而客观地回答这个问题。不过各种迹象和传闻表明，游说活动往往都能成功达到目的。首先，可以看到越来越多有才之士和知名人物参与到游说活动中。尽管这并不能直接证明游说活动能够获取成功。另外，利益团体向说客支付巨额报酬。有报道称，如果说客成功为团体争取到税收减免，将获得数千万美元的报酬。游说活动的成功还可从税务复杂性的现象中看出，因为在很大程度上，游说活动是造成税收复杂性的原因之一。回想一下，1986 年的里根基本税制改革（Reagan Fundamental Tax Reform），大大降低了当时美国的税制复杂性。《时代》（*Times*）杂志的封面故事说明了美国游说活动产生的结果。故事的标题是《金钱能买到最好的法律》（见《时代》，2010年 7 月 12 日）。

进行真正的税制改革是经济学家关注的话题，并未获得企业支持，这一点与税收减免政策不同。也许这是"由于企业（和其他团体）可以在现行税制下可以利用更多的法律漏洞、庇护和扣除额而造成的"（见 Center for American Progress Action Fund，2009）。换句话说，与经济学家的理论相比，企业还是更喜欢像"蜜蜂"一样寻找税制漏洞，维护自身利益。这符合加里·贝克尔和曼瑟尔·奥尔森的观点，即在民主社会中，大多数团体想推动的政策，都是为了维护自身利益，而不是为了维护全社会的利益。

3.4　税收复杂性的后果

谈到税收复杂性的后果，就得从亚当·斯密于 1776 年出版的《国富论》一书谈起。书中描述了良好的税收和税制应当具备以下四个特征：确定性、便利性、经济性和公平性。当这些特征缺失时，税收和税制就无法获得良好评级。第一，因为税收是强加给纳税人的一项必须向政府支付的成本，即额外费用（或者说是额外负担）。在某些特定情况下，这种额外负担可能会增大，并会对经济造成损害。第二，税收复杂性让我们难以判断一项税收是否具有中立性、横向公平或纵向公平的特点，是否能够达到预期目标。一个税制如果有成百上千个漏洞，我们如何确定该项税制是否具有中立性，或者说是否具有横向公平的特点，满足所有群体的目标呢？第三，复杂的税制会打破税收的确定性。税收复杂性很少趋于稳定，而是处于不断变化之中。这种复杂性会让纳税人感到不安和担忧，担心自己可能已经多缴或少缴了税款，或者担心自己未来要承担的债务将发生变化。这显然税收复杂化的又一项额外成本。

税收或税制一旦变得复杂，就不太可能满足斯密所提出的"良税"的特征。此外，由于税务复杂性往往随着时间的推移而增加，所以税收或税制存在的时间越长，它就越有失去"良税"的特征。我们可预见所得税（包括个人所得税和企业所得税）比起间接税，更容易"逐步复杂化"。当然，没有任何一种税种可以完全避免复杂化的趋势，某些国家的增值税复杂化(增值税属于间接税的一种)就充分说明了这一点。

税收的复杂性,除了会影响税制是否公平有效外,还会提高纳税人的"遵从成本"以及税务管理部门的"管理成本"。这样一来,纳税人所面临的总成本就会高于他们向政府缴纳的税款和政府收到的税款。而政府可用于支持公共服务的净收入也会因为较高的税收管理成本而减少。因此,税收复杂性在纳税人和政府双方都打入了"税收楔子"。实证研究表明,这些"楔子"可能不断增大。

有一种假设是,税务复杂化(包括遵从成本、管理成本以及税收的不确定性)所造成的额外负担将对纳税人而不是税务部门造成更大影响。原因正如约瑟夫·斯蒂格利茨(Joseph Stiglitz,1989,p.53)的文章所指:"公共机构很少会花时间在客户身上。因为提高公共服务会明显提高成本,但为公民带来的利益却并不显著。"税务管理运作方式的相关报告为斯蒂格利茨对政府工作方式的论述提供了有力支撑。克里斯·埃文斯(Chris Evans,2003,p.5)也曾提出:

> 自 20 世纪 90 年代以来,作为削减公共开支政策的一部分,减少管理成本的措施可能增加了遵从成本和社会总体成本……近期的例证可以参考 20 世纪 80 年代末和 90 年代,澳大利亚和英国引进的自我评估体系。

近几年,税务管理人员把越来越多的遵从负担转移到纳税人身上,导致了纳税人的不满情绪。几年前,OECD 在其成员国发起了一项运动,旨在为纳税人提供更好的政府服务。税务部门努力提供纳税人友好型服务,例如向纳税人提供更方便的信息与填写表格。然而,这项运动仍然无法从根本上改变政府向纳税人转移遵从负担的状况。

综上所述,税收制度复杂性很可能会导致纳税人对税收制度的不满情绪,进而增加逃税、避税现象,降低税收制度的公平性,降低其效率和中立性。另外,税收制度复杂性降低了税收制度的质量和合理性,从而间接阻碍了国家发挥经济角色的合理性。

大量文献讨论了税收减免和税收优惠政策造成的资源分配不当的问题。由于这类文献太过宽泛,不方便进行引用和总结(见 Bird,2008)。Marceau 和 Smart(2003)提到:"越依赖沉没资本的行业通常就越容易通过游说获得税收减免。"这篇文章还指出:"政客如果迎合说客的需求,税额会在总体上下降,投资则会增加。但是,各行业间的投资分配并不平均,社会福利则会受到影响。因此,限制商业游说是可行之策"。一些人认为游说活动是对民主自由的体现,因此民主社会该如何限制商业游说,仍是亟待解决的问题。

3.5　税收复杂性的相关研究

在本节中,我们将介绍一些税收复杂性的证据,并把这些证据分为定性的和定量的。

定性研究⑤

税务专家和政治人物的言论,即使不能证明税制的复杂性,也能引起人们的关注。因此,本节将陈述其中一些言论,并在下一小节进行定量分析。

在 1978 年出版的一本关于英国税收制度的书中,凯(J. A. Kay)和金恩(M. A. King)写道:"没人会故意设计这样的(税收)制度。因此,只有从历史角度来解释这种税制是如何产生的,才说得通。这不是一种辩解,而是一种证明,证明表面上看似理性的个人决策,却可能会产生荒谬的后果。"(Kay and King,1978,p.246)当然,这正好与加里·贝克尔的观点一致。人们对美国金融监管体制的评论也是如出一辙。美国证券交易委员会(SEC)的前主席哈维·皮特(Harvey Pitt)曾说:"如果从头开始,美国是不会发明出今天这样的金融监管体系的。"(《金融时报》,2009 年 6 月 12 日,p.3)这就意味着复杂性不是一个仅限于税收的问题,而几乎是在众多体系中自然而然发展的结果(见Tanzi,2007 和 2017 对这一点的阐述)。

玛格丽特·麦克查(Margaret McKerchar,2007)撰文探讨了澳大利亚税收制度的复杂性,她声称"尽管税收制度的复杂性引发了广泛关注,但其税制仍然是世界上最复杂的税制之一"(p.135)。她补充说,"在澳大利亚,个体纳税人……能够在不被发现的情况下逃避可支配收入申报的几率很小。但他们却可以通过夸大自己的减税要求,或者靠钻复杂法律和税务材料的漏洞来达成目的"(p.192)。此外,"大量税务材料把税务人员压得喘不过气来……税率的变化和法律的复杂性一样是个问题"(p.193)。其他文献也为这一观点提供了依据〔如,国际金融公司(IFC)和普华永道会计师事务所(PricewaterhouseCoopers),2009,p.67〕。

新西兰在 20 世纪 70 年代曾是试图简化整个税收结构的国家之一,并且也采取了一些措施对税制进行简化,但现在也迷失了方向。据《经济学人》(*The Economist*,2005 年 4 月 16 日)报道,一份 2001 年的部长级报告得出结论,新西兰的税法逐步引起了"愤怒、沮丧、困惑、疏远"的大众情绪。

据广泛报道,意大利税法中存在的主要问题同税收复杂性紧密相关。几年前,时任意大利总统的斯卡尔法罗(Eugenio Scalfaro)公开表示,意大利纳税人为了履行纳税义务而必须完成的所得税申报程序十分复杂,只可能是"疯子设计的"。当时漫画家把纳税表描绘成"既像迷宫,又像怪物的东西"。另外,一些意大利纳税人申请税收豁免,不是因为他们意识到自己具有逃税行为,而是因为他们根本无法确定自己是否遵守了税法的所有要求。

在加拿大,普华永道的《2008 年总税收贡献研究》(*Total Tax Contribution 2008*,2009 年 5 月 7 日发布)报告称:"税收制度的复杂性和遵从成本影响市场竞争力,而加拿大在这方面面临着重大挑战。在对总税收贡献研究的调查中,加拿大各联邦、省和地区总体税收的复杂化在全球范围内排名第二(Canada Council of Chief Executives,2009)。对巴西也有类似的评论。

最后,有一些美国税收复杂化的讨论。这一问题在美国由来已久。种种报告显示,税收复杂化在美国长期存在,并有愈演愈烈之势。不少定量研究指标揭示了这种日益复杂的情况。接下来将对此进行详细阐述。

"税务分析师"(Taxanalysts),一个专门研究税务问题的智库,在其"税务史项目"(Tax History Project)中报告说,美国国会早在 1926 年就成立了税务联合委员会(Joint Committee on Taxation),其目的是简化美国的税收制度。报告还指出,人们开始意识到税收复杂化的危害,在 19 世纪 60 年代美国内战期间首次征收所得税时就已出现。1872 年该税被美国废除,但又在 1913 年将其作为一种永久性税收重新纳入税收制度。"税务史项目"指出税务复杂性是民主制度的特点,并曾这样援引威尔逊政府一名财政部官员的话:"比起简单和不平等,现代国家更青睐公平与复杂性"。它补充说,除非复杂化是有利于自身利益的,否则人们会讨厌复杂化。2005年12月的一份特别报告中,另一个美国智库机构——税收基金会写道:"在20世纪,由于立法者对税法需满足的各项非经济需求日益增加,税法遵从成本也显著增加了。"(2005,p.1)。

2005年,美国国家纳税人维权组织在国税局新闻发布会上向国会提交了年度报告(*Annual Report to Congress 2005*),报告指出:

> 我们的税法已经如此复杂,这正好给纳税人创造了机会,让他们在无意中犯下错误,钻着税收制度的空子……在纳税人感到困惑,犯下错误,甚至故意越过法律底线时,美国国税局理所当然要加大执法力度。为打击对税制"漏洞"的滥用行为,人们会呼吁新税法的出台,这反过来又让税法变得更加复杂……简而言之,复杂性会催生更多的复杂性。

2005年一份提交给美国总统的关于税收改革的报告表明,立法者忽视了这样一个事实:税收制度的根本目的是为公共开支提供资金支持。而其他依靠税收完成的目标分散了税制的根本目标。该报告得出结论:"税收优惠政策会使税制复杂化,造成税制的不稳定性和高昂的遵从成本,并有可能导致资源利用效率低下。"(见 President's Advisory Panel on Federal Tax Reform,2005)。乔尔·斯莱姆罗德(Joel Slemrod)和乔恩·巴基哲(Jon Bakija)在2004年出版的著作中评论美国税收制度时写道:

> 复杂的税制会增加纳税人遵守规则的难度。人们会因此感到沮丧,也没有心情去遵守这些规则。此外,如果人们知道其他纳税

人利用税务复杂性来逃避应缴税额,那么他们可能会觉得自己也没有义务如实缴纳自己的税款。(p.187)

定量研究

这一小节是关于税收复杂性的定量研究(另见 Keating,2009)。当然,税收的复杂性没有直接的衡量方式,但有各种间接的方法来衡量税收的复杂性及其成本。以下呈现的是其中一小部分。

普华永道会计师事务所为世界银行的国际金融公司编写的出版物《2009 年度纳税报告》(*Paying Taxes 2009*),按照服务纳税人的设施(IFC and PricewaterhouseCoopers,2009)进行排名,并称最容易支付税务的五个国家和地区是马尔代夫、卡塔尔、中国香港、阿联酋和新加坡。该出版物还统计了各国每年准备、归档和支付(或预扣)公司所得税、增值税和社会保障缴款所需花费的小时数。中国香港和新加坡等少数国家和地区所需要花费的小时数不高于 100 个小时,而巴西、喀麦隆、玻利维亚和越南等国家却需要花费上千小时。中国需要 504 个小时,英国需要 100 个小时,澳大利亚需要 107 个小时,新西兰需要 70 个小时,意大利需要 334 个小时,加拿大需要 119 个小时,而美国需要 187 个小时。这些数据的来源主要是中等规模的公司,并不代表大公司和个人,因此可能具有误导性。

欧盟委员会在 2004 年的出版物中提供了几个国家的纳税遵从成本和管理成本。该数据在瑞典低至 1.3%,在澳大利亚为 22.9%,在美国高达 29.6%。这些数据具有不同的来源,不具有严格的可比性。

克里斯·埃文斯(2003)总结了 20 年来对"税收运营成本"的研究,其中包括纳税人的遵从成本和税务机关的管理成本。因此,这部分成本不包括纳税人用以增加政府收入的支付成本。该研究认为，"在没有明确认识到拟议的改革对税收制度运作成本的影响之前，不应该进行税制设计"（Evans，2003，p.1）。

埃文斯的文章总结了60多项关于税收运营成本的研究结果。他报告说，这些研究经常呈现两个特点："遵从（成本）呈递减趋势，以及政府在管理成本与遵从成本之间进行权衡"。第二点在上文中有所提及。当政府试图节省管理成本时，他们通常会将负担转移到纳税人身上，从而增加遵从成本。埃文斯总结的所有研究采用了不同的方法，从调查到案例研究，再到日记调查和访谈。埃文斯强调，近年来，由于现代税收制度日益复杂，相关研究不断涌现，研究对象主要包括个人所得税、营业税和其他税种。许多研究的重点在于复杂税收给纳税人带来的成本。他警告说，由于使用的方法不同，调查的回复率也不同，因此，很难将各国的研究成果进行对比。

埃文斯这篇文章得出结论：纳税人的遵从成本高，一般占税收收入的2％—10％，占GDP的2.5％。往往是管理成本的2至6倍。此外，个人所得税、企业所得税和增值税的遵从成本呈递减趋势。尤其是小型企业，承担了不合比例的遵从成本。此外，"立法规定的复杂性，以及立法变革的高频率，都被认定是造成高遵从成本的主要原因"（Evans，2003，p.9；另见Green，1994）。Slemrod和Bakija（2004）提出了衡量美国纳税人各种非常高的遵从成本措施（见pp.158—159）。

正如人们所料，在澳大利亚、英国、意大利和美国等国家，税收的遵从成本成为了广泛探讨的问题，已经开展大量的研究工作。在意大利，一篇意大利语文章总结了该国开展的众多相关研究，所得出的结论与埃文斯的研究相似。具体来说，"从收集到的数据来看，纳税人必须承担的遵从成本非常高,以便及时满足所有预期的[法律]要求"。任何税收改革都应考虑到这些成本(见我翻译的 Leccisotti et al.,2006)。意大利的相关研究也强调了纳税直接成本(时间和金钱)给纳税人带来的心理压力。心理压力的产生原因是,纳税人无法确信自己已经履行了所有的纳税义务,因此,他们担心(许多年后)可能因为有意或无意的疏忽而面临惩罚。

美国有很多关于税务复杂性和遵从成本的研究。笔者将仅就其中一些研究作简要分析,首先重点解释税制的复杂性,然后再分析其对遵从成本的影响。

一个有趣的定量指标可以间接体现出税收的复杂性,即对税法文件、相关法规文件和纳税人必读的纳税说明的页数或字数进行统计。华盛顿加图研究所(Cato Institute)的克里斯·爱德华兹(Chris Edwards)对这些页数进行了统计:1913 年美国引入所得税时,页数为 400 页;到 1939 年,增长到 504 页;2006 年达到 66 498 页;1995—2006 年间,新增的页数超过了 25 000 页(见 Edwards,2006)。是否有人真的了解这 66 498 页的所有内容,仍然存在质疑。2006 年之后,页数仍有所增长。

2005 年,美国税收基金会(Tax Foundation,2005)测量了 1955—2005 年间《国内税收法典》(the Internal Revenue code)中字数的增长情况。《国内税收法典》和美国国税局(IRS)各大条例中涉及所得税的字数,从 1955 年的 71.8 万字增加到了 2005 年的 106.4 万字。而整个税法的字数,从 1955 年的 139.6 万字增加到了 2005 年的 909.7 万字。税收基金会还计算了税收法典中小章节数量的增长比。1954—2005 年间,其增长比为 615%。其中,大部分增长是为了说明税基方面的各

47

种问题。

税收基金会报道："2005 年，个人、企业和非营利组织将花费约 60 亿小时来遵守联邦所得税法，预计成本将超过 2 651 亿美元。"（2005，p.1）这相当于所征收所得税的 22%。而遵从成本是呈递减趋势的，相当于调整后总收入在 2 万美元以下的纳税人收入的 5.9%，总收入在 20 万美元以上的纳税人收入的 0.5%。

3.6 结论

本章强调了税收的一个方面，这个方面直到最近还没有得到应有的重视，尤其是经济学家的重视，即税收复杂性问题。它表明，税收复杂性是（1）许多国家的一个主要问题；（2）随时间增加；（3）使传统经济学家难以判断税收制度的效率、公平和确定性；并且（4）随着时间的推移，税收制度体现出不确定性。

税收日渐复杂化的原因在于，在民主社会中，公众有自由形成合法团体，维护团体利益，损害公众利益。正因为如此，一个国家越民主，税制存在时间越长，税务系统就越可能变得复杂。

各国的选民可能会推动税收制度中的具体规定，而不是税收简化。由于各利益群体试图维护自己利益，获取税收优待地位，所以不可避免地造成了税收复杂性。

上述结论对税收经济学家的工作具有启示意义。目前，经济学家对税收理论过度重视，这些理论提出了广泛的方案，但很少（如果有的话）能形成真实的税收制度；同时，人们对持续的微小变化（"蜜蜂"）关注很少,这些变化最终导致税收制度复杂化,逐渐脱离一开始税收理论的设计思路。因此,经济学家应该真正重视的是税收制度的细节,而不是理论完善和抽象设计。建立税收制度的实际工作也不能完全交由律师、会计师和其他税务专家。

经济学家应该认识到时间对税收复杂性的影响,并提出应对这种现象的方法。一些国家已经采取了相应措施。方法之一是为税收制度或税收制度中的具体规定设置有效日期。这一概念类似于公共支出"零基预算"的概念,这样便能够对税收制度进行系统地定期审查。审查税收制度的目的是清理税收制度中的"胆固醇"(以防"胆固醇"长年累月的累计对税收制度造成破坏)。也可以把这一措施当作对税收制度的修剪,以便清除多年来积累的杂草。本章的讨论还暗示,无论一个税收制度在建立时有多理想,从长远来看,它不太可能保持原有的状态。

一些国家,尤其是斯堪的纳维亚地区的国家,税收水平相对较高,税收复杂性相对而言较低。他们使用"双重所得税"和建立不过分依赖税收支出和税收激励措施的税收制度做到这一点。例如,在瑞典,公司法定税率与实际税率几乎没有差别,税收并不试图体现每个纳税人的具体差异,而是对纳税人进行大致分类,用一种广泛而公平的方式征税。还有一些国家通过统一税率来简化税收,所得税呈线性模式,采取简单的方式对个人免税,实行单一的统一税率。这种税制在包括俄罗斯在内的东欧计划经济体中广泛实行。由于没有个人所得税,因此税收制度并未复杂化,一开始建立的税制更加简洁明了。

人们普遍认为,造成税收复杂性的主要因素是累进税率。然而,这个观点并不一定是正确的,累进税收也可以实现简化。税收制度的复杂性主要源于对应税收入的定义上，而不是税率的存在。当然，当边际税率较高，利益团体可能更致力于争取税收优惠政策，正是这个原因使得税收制度经过长期发展而呈现复杂性。

注 释

① 很少有经济学家处于政府要位。

② 关于税收制度的复杂性与"财政幻想"的关系，详情可参见 Heyndels 和 Smolder (1995)的著作。

③ 关于如何获得 27 亿美元减税的说明，详情可参见 Donmayer(2009)。

④ 游说团体也可能只是单个家庭。例如，拥有沃尔玛大部分股份的沃尔顿家族就曾花费数百万美元，为废除遗产税进行游说。

⑤ 本节内容的详情可参见 Tanzi(2006)和 Tanzi(2011b)。

参考文献

Bird, Richard, 2008, "Tax Incentives for Foreign Investment in Latin America and the Caribbean: Do They Need to be Harmonized?" in Vito Tanzi, Alberto Barreix, and Luiz Villela, editors, *Taxation and Latin American Integration* (Cambridge, MA and Washington, DC: Harvard and IDB, pp.195—230).

Brittan, Samuel, 2011, "Can Complexity Unmake Civilization?" *Financial Times*, August 22, p.9.

Byrd, Robert C., 1991, "Lobbyists", in *The Senate, 1789—1989: Addresses on the History of the United States Senate*, Vol. 2 (Washington, DC: Government Printing Office).

Canada Council of Chief Executives, 2009, *Total Tax Contribution 2008. Canada's Tax Regime: Complexity and Competitiveness in Difficult Times* (prepared by PricewaterhouseCoopers).

Center for American Progress Action Fund, 2009, "Tax Havens and the Business Lobby", *Daily Newsletter*, May 7.

Donmayer, Ryan J., 2009, "Bailout of U.S. Banks Gives British Rum a $2.7 billion benefit", *Bloomberg News*, June 26.

Edwards, Chris, 2006, "Income Tax Rife with Complexity and Inefficiency", *Tax and Budget*, Bulletin of the Cato Institute, no.33, April (Washington, DC).

European Commission, 2004, "European Tax Survey", Working Paper No 3/2004.

Evans, Chris, 2003, "Studying the Studies: An Overview of Recent Research into Taxation Operating Costs", *eJournal of Tax Research*, vol.1, no.1, pp.1—38. Available at SSRN: https://ssrn.com/abstract=624281.

Green, S., 1994, *Compliance Costs and Direct Taxation* (London: Institute of Chartered Accountants in England and Wales).

Heyndels, B. and C. Smolders, 1995, "Tax Complexity and Fiscal Illusion", *Public Choice*, vol. 85, no. 1—2, pp. 127—141.

Hitt, Greg and Elizabeth Williamson, 2009, "Stimulus Bill Near $ 900 billion", *Wall Street Journal*, January 28.

IFC and PricewaterhouseCoopers, 2009, *Paying Taxes 2009: The Global Picture*.

Kay, J. A. and M. A. King, 1978, *The British Tax System* (Oxford: Oxford University Press).

Keating, David, 2009, "A Taxing Trend: The Rise in Complexity, Forms, and Paperwork Burdens", National Taxpayers Union, Policy Paper 126 (April 15).

Leccisotto, Mario, Raffaella Giudice, and Pacifico Ribechi, 2006, "Il Costo di Adempimento dei Tributi in Italia", *Rivista di Diretto Finanziario e Scienza delle Finance*, vol. LXV, no. 4, pp. 580—637.

Marceau, Nicolas and Michael Smart, 2003, "Corporate Lobbying and Commitment Failure in Capital Taxation", *American Economic Review*, vol. 93, no. 1, pp. 241—251.

McKerchar, Margaret, 2007, "Tax Complexity and Its Impact on Tax Compliance and Tax Administration in Australia", *IRS Research Bulletin: Proceedings of the 2007 IRS Research Conference*, Publication 1500, pp. 187—204.

Olson, Mancur, 1965, *The Logic of Collective Action* (Cambridge, MA: Harvard University Press).

Olson, Mancur, 1982, *The Rise and Decline of Nations* (New Haven, CT: Yale University Press).

President's Advisory Panel on Federal Tax Reform, 2005, *Simple, Fair and Pro-Growth: Proposals to Fix America's Tax System*, Report of the President's Advisory Panel on Federal Tax Reform, November.

Puviani, Amilcare, [1901] 1973, *Teoria dell'Illusione Finanziaria* (Milan: ISADE).

Slemrod, Joel and Jon Bakija, 2004, *Taxing Ourselves: A Citizen's Guide to the Debate Over Taxes*, Third Edition (Cambridge, MA and London: The MIT Press).

Stiglitz, Joseph, 1989, *The Economic Role of the State* (Oxford: Basil Blackwell Ltd).

Tanzi, Vito, 2006, *Death of an Illusion? Decline and Fall of High Tax Economies* (London: Politeia).

Tanzi, Vito, 2007, "Complexity and Systematic Failure", in Saul Estrin, Grzegorz W. Kolodko, and Milica Uvalic, editors, *Transition and Beyond* (London: Palgrave Macmillan, pp. 229—246).

Tanzi, Vito, 2011a, *Government versus Markets: The Changing Economic Role of the State* (New York: Cambridge University Press).

Tanzi, Vito, 2011b, "Tax Systems in the OECD: Recent Evolution, Competition, and Convergence", in Emilio Albi and Jorge Martinez-Vazques, editors, *The Elgar Guide to Tax Systems* (Cheltenham, UK and Northampton, MA: Edward Elgar Publishing, pp. 11—36).

Tanzi, Vito, 2017, "Corruption, Complexity and Tax Evasion", in *eJournal of Tax Research*, Vol. 15, No. 2, December, pp. 144—160.

Tax Foundation, 2005, *The Rising Cost of Complying with the Federal Income Tax*, Special Report No. 138, December.

4

供给侧改革和向富人征税的挑战

4.1 引言

向收入分配顶层的个人("富人")征税是各国都正在面临的挑战。这些挑战一方面是出于政治因素,因为富人通常掌握着政治权力;另一方面是出于管理因素。随着全球化进程推进,世界进一步复杂化,富人可以将收入隐藏或分散在难以管制的经济活动中,在国外的"避税天堂"也包含其中。富人可以合法避税,因为他们有渠道雇用最好的会计师、律师和税务专家,利用税收制度的复杂性,达到避税的目的。富人还可以聘请游说团体或向议员提供所需的经济资助,从而推动有利于他们的税制改革。最后,富人偶尔还可以贿赂税务人员,争取税收优惠待遇。本章将着重讲述近年来经济学理论在减少富人纳税方面所起的作用。这些理论起源于发达国家，尤其是美国，却最终对大多数国家（包括发展中国家）产生了同样深远的影响。

4.2　历史背景

2 000 多年前，伟大的希腊历史学家普鲁塔克（Plutarch，公元 45—120 年）曾写道："贫富不均是所有共和国最古老、最致命的疾病。"普鲁塔克的观点在过去几个世纪里常被提及，尽管存在反对的声音，但仍在今天得到许多人的赞同。接近我们这个时代，一位瑞典剧作家奥古斯特·斯特林堡（August Strindberg，1849—1912 年）写道："经济学是一门使富人永远是富人的科学。"许多经济学家当然会反对这种说法，但这一说法也获得了一些经济学家的认同。

几年前，一部名为《监守自盗》（*The Inside Job*）的纪录片支持了斯特林堡的观点。它讲述了引发 2007—2008 年金融危机以及随之而来的"大衰退"的背后原因。这部纪录片试图展示，在经济危机前，几位极具影响力的经济学家在确保"富人永远是富人"方面发挥了作用。该纪录片指责这些经济学家撰写的著作刻意迎合富人的立场，维护富人的利益，有人指责说，一些经济学家这样做是为了换取可观的经济回报。这部纪录片暗示某些著名经济学家出卖了自己和学术道德！美国经济学会（American Economic Association）严肃对待这一指控，并出台政策，要求在期刊上发表论文的作者披露自己在撰写该文章时是否得到了经济支持。

　　尽管某些经济学家在接受采访时，承认自己撰写和发表维护富人利益的文章，从而获得了高额经济回报。但也许问题的根本不在于经济学家出卖自己的学术道德，而是因为他们接受了罗恩·苏斯金德（Ron Suskind，普利策奖获得者，著有一书讲述奥巴马执政头两年的事迹）的观点，这一观点据苏斯金德称是由拉里·萨默斯最先提出的（见Suskind，2011，p.231）。

　　萨默斯认为，在以美国为例的市场经济中，无论收入高低，个人总会在经济活动中"获得他们应得的报酬"。这种观点屡见不鲜，许多提倡市场经济的经济学家都对此表示赞同。依据这一观点，"富人"，即收入在数百万美元，甚至数十亿美元的人，因其更强的工作能力、更好的教育背景、更努力而高效的工作，相对容易获取更高收入。富人获得的高收入反映出他们为国民经济贡献"价值"，而非压榨他人的收入。

　　萨默斯的结论适用于在收入分配中处于顶端和底端的群体。然而也存在例外，即获得政府立法规定的最低工资收入或政府补贴的群体。根据萨默斯的结论，这部分人群对市场的"价值"低于他们所获得的收入。很多经济学家都对此表示认同，继而对获得最低工资收入和政府补贴的群体提出批判。而他们发表文章所获得的报酬，像《监守自盗》纪录片所展现的那样，反而是正当的，因为他们一定是为市场经济贡献了真正的"价值"，才能获得这些报酬。

　　在市场经济中，个人按劳动获取应得的报酬，如果长此以往，劳动者的收入分配便会极不平均。许多经济学家认为，政府干预市场的行为是不公平的，且效率低下。因此，劳动者应接受市场对收入的分配作用。人们不能一边说劳动者得到应得的报酬，同时又抱怨市场对收入的分配结果。

然而，实际情况比理论所描述得更为复杂，因为一个社会并非众多个体的随机分类，而是需要政府来构建，因此，政府需要收入来维持开支。那么提高税收则是必要的，问题在于征收什么税、由谁来缴税。意大利"金融科学"学派（Scienza delle Finanze）是活跃于1861年意大利统一至20世纪20年代法西斯主义产生的这段时期的重要学派。该学派为上述问题提供了一个简单的解决方案，其主要倡导者认为，政府提供的便民公共物品，往往与公民的收入成正比。因此，根据税收的"受益原则"，最合理的税制应为比例税制。当时，政府支出基本限于公共物品，不被期望参与到收入再分配中。

比例税制到底应该以收入还是消费为基础进行征税，这一点又引起了争议。如果按消费为基础实行征税，税收应免除个人储蓄的那部分收入。包括约翰·斯图尔特·密尔（John Stewart Mill）、路易吉·埃诺迪（Luigi Einaudi）、尼古拉斯·卡尔多（Nicholas Kaldor）在内的几位主要经济学家认为，不应该对储蓄进行征税。他们的观点显然对富人更有利，因为富人的储蓄有可能占有总收入的绝大部分。但米尔顿·弗里德曼（Milton Friedman）等经济学家认为，从长远来看，富人和穷人的储蓄行为并没有本质差异。到目前为止，我们仍然不清楚有多少经济学家认同弗里德曼的观点。

在19世纪的大部分时间里，比例税制是政府首选的税制标准，它确保包括"富人"在内的高收入群体不会受到累进税制的波及。当时的税收水平占GDP的比例很低，一般低于15%。累进税仍然不被认可。或许经济学家约翰·麦卡洛克（John McCulloch）能够代表当时主流的观点。他坚决反对累进税，声称一旦放弃比例税制，"就如同在大海航行,却失去了方向舵或指南针,最后必然导致不公平的后果,犯下愚蠢的错误"。确实,累进税率采取的形式多样,不能像比例税制一样,为政府提供更清晰的指南针。然而,即使是比例税制,征税水平和所收税款的用途也应得到重视。

情况开始变得复杂,则要从投票权从小部分群体扩大到包括妇女在内的大部分群体说起。当时的政治风向对思想界和经济学家的研究产生了一定影响,在同一时期,一位颇具影响力的德国经济学家阿道夫·瓦格纳认为,政府的职责不仅仅是提供公共物品(以及对缺乏生活保障的穷人施以援助),还应在收入分配不均时对收入进行再分配。这一观点也可以在亚里士多德的《政治学》(Politica)第五卷第一章和孟德斯鸠的《论法的精神》(L'Esprit des Lois)第五卷第六章和第七章中找到。瓦格纳所处的时代也为这一观点的生长提供了肥沃的土壤。当时,工业革命的风潮席卷整个社会。同时,以卡尔·马克思为代表的社会主义者在瓦格纳的时代也很活跃,他们不赞成对收入进行再分配,并认为应实行中央计划经济,废除私人财产和私人市场,彻底消灭收入差距。

在瓦格纳的时代,收入分配已经成为一个重要的问题,对收入分配的测度已经成为一个重要的统计指标。1912 年,意大利统计学家科拉多·基尼(Corrado Gini)提出了衡量收入分配的基尼系数。基尼系数很快就成为了衡量收入分配的通用标准。如果说实现平均收入分配是政府所追求的理想目标,那么如何实现这个目标便是政府不可避免要面对的问题。累进所得税在当时走上了历史舞台的中心。美国在1913 年开始征收所得税。

我们应该认识到,瓦格纳理论的普及、基尼系数的发明以及累进所得税的引入,都绝非是随机事件,相反,都是对当时社会生态环境变化的回应。当时人们对工会包容度有所提高,拉开了兴于德国的温和的国家福利改革的序幕。以下观点逐渐得到普遍认可:(1)政府应获得比过去更多的资源;(2)在为政府提供所需资源方面,所得税和财产税发挥重要和不断加强的作用;以及(3)所得税可以且应该是累进的。

到 20 世纪中叶,上述观点已经十分普遍(见 Tanzi,2011)。20 世纪 60 年代初,我在哈佛大学攻读经济学研究生。当时人们普遍相信所得税应在国家经济中发挥主要作用。当时,包括理查德·马斯格雷夫(Richard Musgrave)、理查德·古德(Richard Goode)、约瑟夫·佩赫曼(Joseph Pechman)和詹姆斯·托宾(James Tobin)在内的经济学家都强烈主张在对收入进行全面定义的基础上,采用累进税率征收个人所得税,原则上应包括未实现的资本收益。当时几乎无人认识到边际税率可能对经济产生的抑制作用。据调查显示,纳税人认为累进的个人所得税是所有税种中"最公平的"。20 世纪 70 年代前,大多数经济学家都广泛接受和认可这一观点。现在人们常听到的理论,如富人是创造就业和促进经济增长的群体,因此应避免富人的收入受到高税率的影响,又如税收会降低"富人"所创造的"经济价值",从而抑制经济发展,这些观点在当时是十分罕见的。

20 世纪 70 年代以前,许多国家的税率急剧上升,而税后基尼系数在 1929 年到达顶峰后,逐渐下降,到 70 年代呈现较低之势。据报道,美国基尼系数的最低点出现在 1970 年前后,在之后一段时间内基本保持不变,自 20 世纪 90 年代开始上升,先呈现缓慢上升之势,之后上升速度加快。美国"智库"税务基金会公布的数据显示,从开始征收所得税之日起,美国百万富翁的实际税率从 1913 年的 1.6% 上升到 1945

年的 66.4％。1965 年和 1982 年的实际税率分别为 55.3％和 47.7％，之后呈急速下降之势。

自 20 世纪 70 年代中期，部分经济学家开始对高税率进行抨击，随后，这些经济学家运用理论和实证研究，对高税率进行更有组织、更有力的抨击。很快，税收理论发生了根本变化。

4.3　富人的反击

首先，许多经济学家，如英国经济学家米山（Ed Mishan）开始对高边际所得税率进行理论抨击。米山认为，虽然个人所得税对通过工作和额外劳动所获取的报酬进行征税，但却未对精神收入征税。所谓的精神收入，是指不参与劳动的行为，也就是说，失业、游手好闲及参与娱乐活动，均不在征税范围之内。这意味着，政府间接地为娱乐休闲提供了补助。政府资助一项活动，则必然催生这项活动的发展。而在当时，已经兴起的福利国家为失业人员提供补助，为其创造生存环境，间接地为个人提供了不工作的自由。

部分经济学家和观察员认为，多数人会选择不工作，只享受政府福利计划所创造的休闲生活。人们在工作时，需要面临较高的边际税率，因此部分人选择不工作或少工作，转而申请公共援助；或者选择报酬低但工作量不高的职业。当时，人们也开始担忧，上述现象是否会降低人们工作的动力，进而阻碍经济增长，因此，经济激励的相关问题引起了前所未有的关注（见 Saez, Slemrod and Giertz, 2012）。

另一个对高税率进行抨击的理论围绕着消费展开；更确切地说，这一理论探讨的是对利息收入征税是否影响个人储蓄。凯恩斯认为,利息的净税率不对个人选择储蓄或消费的决定产生影响,于他而言,消费只取决于收入这一因素。然而,在20世纪70年代,一些经济学家开始质疑凯恩斯的观点。他们认为,个人储蓄的净回报率会影响人们对储蓄的选择(见Weber,1970)。也就是说,当前和未来的消费选择取决于净税率。

对利息收入征收高边际所得税,降低了储蓄回报的净税率,进而降低了储蓄率,影响了经济的增长率。保守派经济学家、斯坦福大学教授迈克尔·博斯金(Michael Boskin)曾在撰写的论文中使用了新的计量经济学方法,并称已经确定了储蓄和利率之间存在高度相关性。这篇文章改变了经济学家对利率重要性的认识(见Boskin,1978)。按照博斯金的观点,货币政策可能通过改变利率,从而影响总需求。但是,博斯金所提出的理论仍然备受争议。凯恩斯主义的倡导者就认为,货币政策对总需求不会有太大影响,利率也无法影响个人的储蓄决定(见Hausman and Poterba,1987;Bovenberg,1989)。至今,许多保守派经济学家仍然持有这种看法。

第三个对高边际税率提出质疑的理论,有一个不寻常的来源。1974年,华盛顿的某家餐馆的餐巾纸上,画着一条曲线。这条曲线就是著名经济学理论——"拉弗曲线"(Laffer curve)。尽管拉弗曲线的分析方法仍存在争议,但它无疑是最著名的经济学理论之一(见Rosen,1995和Tanzi,2012)。拉弗曲线成为反对使用高边际税率的有力"宣传手段"。在随后几年里,保守的政治家和经济学家运用这一手段,广泛呼吁降低税率和边际税率(见Malabre,1994)。

20世纪70年代以前,鲜少有实证研究探讨高边际税率和劳动者与储蓄对高税率的供给反应之间的关系,也就是说,很少有人实证研究高税率和经济增长之间的关系。19 世纪的古典经济学家一般不提倡高税率,因为他们认为高税率必然赋予政府更多的权利。然而,在第二次世界大战期间以及战后初期,包括美国和英国在内的各州政府都没有限制边际税率带来的税收收入,边际税率一度超过 90%(见Pechman,1987)。高边际税率反映了政府追求收入公平,改善税后收入分配、让高收入群体(即"富人")为公共开支做出更多贡献的目标。直到 20 世纪 70 年代,对高税率的看法才开始改变。

20 世纪 70 年代到 80 年代初开始出现当时被称为"第二代计量经济学的研究",即利用新的计量方法和数据,衡量高税收对各种经济变量的影响,如工作参与率、储蓄率、妇女和兼职劳动者参与劳动的比率以及工作时间。与此同时,政治和学术领域对政府干预经济的态度也变得较为消极。这些观点的产生说明,经济学理论不一定是学术研究所得出的客观结论,也不一定意味着科学进步。经济学理论有可能是迎合一定的政治需求。经济学家会紧跟政治风向,迎合当前的大环境。这种行为往往是无意识的。正如纪录片《监守自盗》所描述的那样,经济学家的行为有可能削弱经济发展的动力。

在 20 世纪 70 年代,包括米尔顿·弗里德曼在内的保守派经济学家的影响力逐渐加强。保守派政治领导人开始在美国、英国、新西兰等国家上台执政。这种的政治环境催生了一批新的经济理论成果。例如,拉弗曲线成为《华尔街日报》社论版的主要宣传工具,在向大众宣传供给侧的改革方面发挥了重要作用。于是,随着 1986 年罗纳德·里根的"基本税制改革"改革,在短短 6 年内,美国联邦所得税的边际税率从 70%降至 28%。其他一些国家也出现了类似的状况。

直到 1986 年,保守派经济学家开始抨击边际税率和累进税制,而并没有质疑所谓的所得税体系结构。1986 年的基本税制改革仍然体现了一个传统经济学观点,即所有的收入作为消费能力的保障,都是收入,无论其来源,都应以同样的方式进行无差别征税。

然而随着经济全球化和金融市场全球化的开始和发展,所得税体系结构很快受到了质疑。全球化使包括金融资本在内的所有资本在总体上更具流动性,因此在缴纳高税率的税收时更具弹性。各种形式的资本税(资本利得、股息、企业所得税、利息收入税)开始受到抨击(另见 Keen and Konrad,2012)。

最初的抨击是来自罗伯特·卢卡斯(Robert Lucas)和拉里·萨默斯等经济学家。1990 年,卢卡斯得出结论,"资本利得及其他任何资本收入都不应征税"。这一说法很快得到了其他一些经济学家的认可(见 Lucas,1990)。他认为,如果取消资本利得税,美国股本将增长约 35%,将刺激经济增长。因此,取消资本税将为美国提供最大的"真正的免费午餐"。然而,卢卡斯没有提到的是,在资本存量促进经济增长的情况下,政府支出所需要的资金从何而来。正如一本书所强调的,时间及其滞后性虽然常被经济学家忽略,但是在现实世界中却起到至关重要的作用(见 Rohatinski,2017)。

萨默斯也在 1985 年发表的文章中称,如果对资本进行免税,美国将获取巨大的潜在收益,因为对资本免税会减少移民的可能性(见 Summers,1985)。较高的资本—劳动比可以提高工人的生产率和工资。同样地,没有人考虑到政策改革和其产生的效果之间可能存在的时间滞后性,滞后的时间越长,政策改革越没有价值。

以上提及的和其他一些经济学家对正统学说的抨击,包括几篇论文在内，认为资本收益的税收应该减少，或免税，挑战了盛行的税收制度的结构，并对收入分配产生了潜在影响。在新一轮的抨击中，不仅是整个税制的边际税率（和累进率）受到抨击，税制的结构也受到抨击。无论收入来源如何，平等对待收入的原则被抛在了窗外，取而代之的是有利于资本收益（资本利得、股息、公司所得税，以及逐渐增加的其他种类的资本收益）的、有差异的税收方式或预期收益。当然，大量的资本收入往往流向"富人"。因此，富人是变革的受益者。政策改革与预期结果之间的滞后性仍然未得到应有的关注。

4.4 税率降低和收入分配

毫无争议的是，在过去的 30 年里，美国等国家的收入分配呈现不均衡的趋势，在盎格鲁—撒克逊国家（古日耳曼人的后代）尤为突出。导致这一现象与前文所提及的税收制度改革密切相关。一个国家的收入分配不均可能是由多个因素造成，不少理论应运而生，对这些因素进行解释，但税制改革毫无疑问是其中一个必不可少的因素。

降低针对高收入群体的税率，特别是对包括股息、资本利得、套利交易在内的其他形式单独以低税率进行征税，可能导致：（1）高收入群体尤其是"富人"的税后净收入直接显著增加；（2）部分高收入人群（如公司经理、对冲基金和私募股权公司的负责人等）试图将所获得的部分收入进行重新分类，使其归于资本利得，从而以更低的税率纳税；（3）部分位于收入分配链顶端的群体，尤其是那 5％或 1％甚至是 0.1％的少许人，获得的税后净收入占总收入的比例急剧增加。"套利交易"

这一新兴名词开始普及，也越来越受到诟病。正如沃伦·巴菲特（Warren Buffet）经常提到的那样，一些人的收入达到数百万美元，甚至数十亿美元，但最终只缴纳了 15％的所得税，税率甚至低于司机或秘书的纳税税率。

"富人"试图将收入重新分类，使其资本收入以低税率纳税，以便直接从中获利。但是，税收改革为工人阶级带来的预期利益仍具有高度不确定性，即卢卡斯、博斯金和萨默斯等经济学家对此进行过预测和估计，但都仅仅存在于理论之中。即便税收改革能够为工人阶级带来利益，这些利益的真正实现也存在长时间的滞后性。这里我要再次重申之前的观点，在大多数经济学家的理论分析中，政策改革与实现预期成果之前的滞后性并没有得到重视。至少在美国，预期的优势仅仅存在于理论研究之中，工人中产阶层的实际收入在过去几十年仍然没有得到改善。

2005 年，收入排行前 0.1％的"富人"应税收入在美国收入分配中所占比例接近 8％，而前 1％的"富人"的总应税收入占比则达到17.42％（见 Atkinson et al.，2011）。这一数据尚不包括未实现的资本利得，因此最高收入群体收入在总收入中所占的份额可能更高。根据美国国会预算办公室（Congressional Budget Office）2011 年发布的数据，20 世纪六七十年代，收入排行前 1％的"富人"的收入约占总收入的 10％，到 2007 年这一数据接近 25％（见 Congressional Budget Office，2011；另见 Piketty and Saez，2003，2006）。

这一数据及其增长是惊人的。在已知的数据中，美国的数字远远高于其他工业化国家。其他盎格鲁—撒克逊国家（加拿大、爱尔兰、英国、澳大利亚和新西兰）也开始复制美国的税收政策。即使不完全相同，这些国家的税收制度与美国大体相似。当然，大多数非盎格鲁—撒克逊的发达国家所采取的税收制度不像美国那么极端。

在美国，一个异常的现象是：几乎有一半的人口不需要缴纳所得税。这是由于这部分群体的收入很低，且可以申请的扣税额和个人免税额较高。[根据美国国税局（Internal Revenue Service，IRS）所提供的数据，2009 年，美国有 10 080 到 35 061 户家庭的净收入达到了 20 万美元，而由于较高的扣除额，这部分群体不需要缴纳联邦所得税。]美国的纳税人也不需缴纳增值税（美国某些州征收消费税）。美国是 OECD 中唯一一个不用缴纳增值税的国家。因此，美国的低收入群体只缴纳很少的税，而"富人"缴纳的税比前几十年低得多，也远远低于其他发达国家。那么纳税负担落在了中产阶层身上。然而，中产阶层的收入却在过去几十年里一直停滞不前。

2010 年，美国的纳税人（主要是富人）所上报的（已实现的）资本利得达 3 100 亿美元，这部分收入的纳税税率为 15％。据美国国会税收联合委员会（Congressional Joint Committee on Taxation）统计，截至 2010 年，对（已实现的）资本利得和股息的税收优惠已使美国财政部损失了 931 亿美元的收入，并导致公共债务不断增加。

针对高收入群体的税收减少，而低收入群体的税率较低，在一定程度上加深了中产阶层的纳税负担，更重要的是，从宏观经济的角度来看，也导致了总体税收收入的下降。美国目前是 OECD 中唯一一个税收总额占 GDP 比重与 1965 年持平的国家。在经济大衰退之前的 2000—2008 年间，美国税收占 GDP 的比例下降了 3 个百分点。而其他 OECD 国家的税收负担在过去半个世纪里显著增加。

不幸的是，尽管国防和基础设施所需要的开支急剧下降，但公共开支也比 50 年前更加庞大。因此,政府支出和收入间的差距导致了巨额的财政赤字和快速增长的公共债务。2017 年,美国的公共债务总额已达到 GDP 的 108%。未来政府在养老金、医疗、基础设施和其他领域的债务规模巨大,且还在不断增大,必须以某种方式解决。若不进行重大政策改革,美国可能在未来面临重大的财政危机。

短期内的政策改革不能仅限于削减开支。当然,政府也不应该将减税列入议程。尤其是高收入群体,应该承担未来所需调整的部分纳税负担。从长远来看,其他收入群体也必须承担相应的税收义务。鉴于美国的财政状况,实行减税,特别是针对高收入群体的减税,是极不负责任的决策。

表 4.1 为 OECD 在不同时期所收集的关于美国税前和公共转移前后的基尼系数的相关数据,同时也提供了由税务基金会(Tax Foundation)收集的针对百万富翁的实际税率,趋势很明显。过去几十年来,基尼系数急剧上升的同时,百万富翁的实际税率却急剧下降。

表 4.1　实际税率和基尼系数

	针对百万富翁的实际税率	税前基尼系数	税后基尼系数
20 世纪 70 年代中期	n/a	0.406	0.316
20 世纪 80 年代中期	47.7(1982 年)	0.436	0.337
1990 年前后	n/a	0.450	0.348
20 世纪 90 年代中期	n/a	0.477	0.361
2000 年前后	36.4(2000 年)	0.476	0.357
21 世纪 00 年代中期	n/a	0.486	0.380
21 世纪 00 年代后期	32.4(2010 年)	0.486	0.378

资料来源:作者根据 OECD 和税务基金会的数据编制。

关于是否应对"富人"的收入采用高边际税率,这里我想提到两个往往被大家忽略的重要因素。一是高税收是否能够影响创造财富的动力,这也是经济学家最关注的问题。另一个问题是,个人所获得的高收入是否真正是"他们应得的报酬",以真正的经济价值来衡量,他们对经济和社会是否作出了如此大的贡献。

经济学家早已提出,高税收会影响人们工作的动力,这一点前文也有所提及。一些研究认为,高税率可能会抑制人们对工作、储蓄和投资的积极性。自20世纪90年代初以来,许多经济学家着重于研究资本转移(从高税率国家转移到低税率国家)和移民趋势。

在一个全球化和开放的世界里,资本可以很容易地实现从高税收地区向低税收地区的转移。有时,高收入的群体也会选择在税收较低的国家工作。经济活动以及金融市场的全球化,互联网和交通的发展,以及低税和零税地区的存在,掀起了移民的浪潮。

逃税的方式可以是:(1)资本向国外转移;(2)资本向娱乐活动转移;(3)资本通过国内地下或明面上的逃税行为进行转移。几十年前,后两种逃税的方式十分常见。但现在,由于全球化进程,逃税也呈现全球化之势,第一种逃税的方式反而更加引起人们的关注。

谈到所得税对个人行为的影响,许多经济学家把重点放在(最高)边际税率上,却忽视了适用该税率的收入水平,以及有多少人会受到边际税率的影响。事实上,极少数的纳税人会受到最高边际税率的影响。如果边际税率只适用于非常高的收入水平,大多数纳税人所赚取的每一分钱都会以较低的税率进行纳税,那么就不存在(最高)边际税率抑制人们的工作动力。

在某些国家,大部分纳税人以大致统一的比率纳税,只有小部分个人,即真正的"富人",以高税率纳税。这时,即便高税率有可能抑制人们的工作动力,那么受波及的群体也仅仅限于相对较小的"富人"群体。可以说,如果减少中低收入群体的边际税率,对高收入群体实行高边际税率而获得的额外收入,可以从总体上促进整体社会的工作动力。对一个国家来说,只有当税率适用于大部分群体的收入水平才能对一个国家的经济产生巨大影响。

然而,近年来,尤其在美国出现了一种政治言论,对最高收入群体的利益给予了极大关注。这部分言论一再令人作呕地声称,"富人"是创造就业和促进经济增长的群体,普通工人在经济活动中所起到的作用被认为是微不足道的。因此,需要保护"富人"免受高税率的影响。然而,尽管这种观念受到美国保守派经济学家和政治家的认同,却没有任何经济增长理论的支撑。

高收入纳税人群体是一个非常多样化的群体,他们具有不同的努力工作动机,和参与不同的经济活动的动机。这个群体包括顶级运动员、艺术家、专业领域的成功人士(包括医生、律师、首席执行官、金融市场运营商、说客、公司经理等),以及继承家产的富人。这部分人对税收政策的反映也各不相同。

高收入群体,或者说"富人"在事业上取得成功,这种成功不仅为他们带来高收入,也给予他们引以为傲的社会地位和名声,这部分是他们的"精神收入",不用交税。因此,高边际税率虽然减少他们的金钱收入,但只要他们仍然努力工作维持自己的社会和专业地位,就可以继续获取"精神收入"。因此,不是所有高收入群体都是以金钱为工作动力。大多数成功的运动员、艺术家或专业人士宁肯缴纳较高的边际税,也不愿意减少自己的工作和努力,以免失去自己的专业和社会地位。当然,高收入人群也包括部分以赚钱为目的的群体。这一群体占比难以估算,但很大部分都出现在金融和商业领域。有更多金钱动机的个人更有可能被这些活动吸引。银行家、对冲基金经理、交易员和企业管理者就是这部分群体的代表,他们对提高边际税率的反应更大,更容易产生抱怨情绪。

近年来,关于滥用职权的丑闻频频爆出,金融市场也受到严重冲击,其中包括那些与引发世界经济"大衰退"的次贷危机相关的事件。另外,庞氏骗局、内幕交易、操纵和报告虚假信息等丑闻接踵而至。次贷危机之后,又相继爆发了伦敦银行同业拆借利率操纵案等多个丑闻。这些丑闻并不仅仅是个人犯罪行为,而是体现了市场运营过程中税收体制的缺陷(见 Tanzi, 2018)。

归根结底,多年来,"市场资本主义"逐渐呈现出"裙带资本主义"的特征,人脉关系和社会资源或者说是"制度资本"可以决定一个人是否成功以及获得多少收入。我们可以得出这样的结论,对于领取政府提供的最低工资和补贴的低收入群体,以及收入丰厚的高收入群体,我们都很难说他们获取的是否是"应有的报酬",或他们是否理应享受减税的待遇。

许多职业和岗位提供的巨额奖金福利已经成为"富人"收入的一部分。奖金的设置可以提高人们的工作动力,也可能符合这种预期,但是如果超过一定限度,就应被视为支付给个人的租金,这部分租金已经无法激发人们更多的努力,创造更多的经济价值。因此,额外的奖金福利应该具有一个最优水平,使其在促进工作动力、创造经济价值方面发挥真正的作用。一旦超过这个最优水平,奖金必须被视作预付给个人的租金,并对其采用高税率征税,以免引起不必要的后果。

为保护高收入群体的利益,"制度资本"应运而生,所谓的"制度资本"包括人脉关系和相关法律法规的建立(如专利、版权、商标、进入某

一行业的门槛提高、有利于某些群体的制度、说客等）。一些人利用
"制度资本"获取高收入和高租金。然而，"制度资本"具有不公平性，
每个人使用这一资本的机会各不相同。因此，"制度资本"让普通人面
临着"正面我赢，反面你输"的局面。

正面赢的是各企业高管、对冲基金经理和公司首席执行官。这一
点从表 4.2 中可以看出。该表报告了 2011 年五大银行的股价变化，以
及针对该变化对选定首席执行官进行的薪酬补贴。我们很难从表中得
出这些首席执行官的个人薪酬反映出了企业业绩，或者得出"他们应
得的"这一结论。我们更容易相信，劳动者生产率提高所产生的效益
越来越多地成为管理者的收益。劳动者和股东很可能成为反面的输
家。《纽约时报》在 2012 年 6 月 17 日发表了一份 Equilar 公司对 2011
年高管薪酬的扩展调查报告。调查显示，在经济危机发生的那一年，
200 名接受调查的首席执行官获得了高达 1 980 万美元的巨额薪酬，
同 2010 年相比上涨了 20%。

表 4.2　2011 年薪酬总额与银行股价

个　　人	薪酬总额（百万美元）	银行股价变动（%）
Jamie Dimon（摩根大通）	23.1	−21.6
Bob Diamond（巴克莱）	20.1	−32.7
John Stumpf（富国银行）	17.9	−11.1
Lloyd Blankfein（高盛集团）	16.2	−46.2
Alfredo Sanenz（西班牙国际银行）	16.1	−23.3

资料来源：根据大卫·谢弗（David Schafer）于 2012 年 6 月 25 日发表在英国
《金融时报》（第 19 页）的一篇报道制成。

越来越多的证据表明，高薪，尤其是高管的高额奖金，往往并不能
使其企业和银行更具竞争力。有报道称，瑞典和荷兰的一些银行从不
发放奖金，却是世界上最安全、最赚钱的银行［见列昂尼德·贝尔希德

斯基（Leonid Bershidsky）于 2013 年 10 月 18 日在彭博新闻社发表的文章〕。因此，应该降低针对高收入群体的税率，否则会减少这部分人群创造实际价值的动力的说法并不合理。还应该看到，全球化增加了对部分收入来源征税的难度。

本章所讨论的问题与大多数国家相关。当然，发展中国家的经济特点需要具体问题具体分析，因为典型的发展中国家和典型的发达国家的经济特点存在一定的差异。

第一，发展中国家的收入分配较发达国家更为不平均。这意味着发展中国家的高收入群体具有更大的潜在纳税能力。

第二，与发达国家相比，发展中国家的经济制度尚未规范化，因此，对中低收入阶层的征税会更具有难度。

第三，与发达国家相比，发展中国家的政府行政能力普遍有限。

第四，发展中国家的高收入群体往往拥有更大的政治权利。由于他们拥有更多海外求学经历，因此更容易参与到全球事务当中。

第五，也是最重要的一点，发展中国家和发达国家之间，劳动力和资本在国民收入中所占比例存在较大的差异。一般来说，在发展中国家，国民收入中用以支付劳动力工资的比例远远低于发达国家，正常情况下，这一比例不到 30％，发达国家超过 60％。这意味着，要大幅提高税收水平，发展中国家需要比发达国家更多地依赖对非劳动力来源的税收，如消费和资本收入。

发展中国家的资本流动以及精英阶层所拥有的政治权力，都导致政府难以对富人实行高税率征税。发展中国家更关注逃税问题，却忽视了一个根本问题，即现行税法维护的是高收入群体的利益。随着城市化进程的推进，发展中国家的人力资本必然增加，继而促使劳动者的收入增加,那么发展中国家和发达国家的差距将进一步缩小。尽管如此,发展中国家应该着力促进税法的公平性,使其不仅仅维护富人的利益。

参考文献

Atkinson, Anthony B., Thomas Piketty, and Emmanuel Saez, 2011, "Top Incomes in the Long Run of History", *Journal of Economic Literature*, vol.39, no.1, pp.3—71.

Boskin, Michael J., 1978, "Taxation, Saving and the Rate of Interest", *Journal of Political Economy*, vol.86, no.2 (April), pp.S3—S28.

Bovenberg, Lans A., 1989, "Tax Policy and National Saving in the USA: A Survey", *National Tax Journal*, vol.42, no.2 (June), pp.123—138.

Congressional Budget Office, 2011, *Trends in the Distribution of Household Income between 1979 and 2007*, Pub. no.4031 (October).

Hausman, Jerry and James M. Poterba, "Household Behavior and the Tax Reform Act of 1986", *Economic Perspectives*, vol.1, no.1, pp.101—119.

Keen, Michael and Kai A. Konrad, 2012, "International Tax Competition and Coordination", working paper 2012-06, Max Planak Institute (July).

Lucas, Robert, 1990, "Supply Side Economics: An Analytical Review", Oxford Economic Papers 42:293—316.

Malabre, Alfred L. Jr., 1994, *Lost Prophets: An Insider's History of the Modern Economists* (Boston: Harvard Business School Press).

Pechman, Joseph A., 1987, *Federal Tax Policy*, Fifth Edition (Washington, DC: The Brookings Institution).

Piketty, Thomas and Emmanuel Saez, 2003, "Income Inequality in the Untied States, 1913—1998", *Quarterly Journal of Economics*, vol.118, no.1, pp.1—39.

Piketty, Thomas and Emmanuel Saez, 2006, "The Evolution of Top Incomes: A Historical and International Perspective", *American Economic Review*, vol.96, no.2 (May), pp.200—205.

Rohatinski, Zeljko, 2017, *Time and Economics: The Concept of Functional Time* (London: Palgrave Macmillan).

Rosen, Harvey S., 1995, *Public Finance*, Fourth Edition (Chicago: Irwin).

Saez, Emmanuel, Joel Slemrod, and Seth Giertz, 2012, "The Elasticity of Taxable Income with Respect to Marginal Tax Rates: A Critical Review", *Journal of Economic Literature*, vol.L, no.1 (March), pp.1—50.

Summers, Lawrence, 1985, "Taxation and the Size and Composition of the Capital Stock: An Asset Price Approach", NBER Working Paper No. w1709.

Suskind, Ron, 2011, Confidence Men: Wall Street, Washington, and the Education of a President (New York: HarperCollins Publishers).

Tanzi, Vito, 2011, Government versus Market: The Changing Economic Role of the State

（New York: Cambridge University Press）.

Tanzi，Vito，2012，"The Muddle of the Laffer Curve"，in Francesco Forte，Ram Mudambi，and Pietro Maria Navarro，editors，A Handbook of Alternative Theories of Public Economics（Cheltenham，UK and Northampton，MA: Edward Elgar Publishing，pp.104—115）.

Tanzi，Vito，2018，"Termites of the State: How Equality Leads to Inequality"（London and New York: Cambridge University Press）.

Weber，Warren E.，1970. "The Effect of Interest Rates on Aggregate Consumption"，*American Economic Review*，vol.80，no.4（September），pp.591—600.

全球化与向富人征税

5.1　引　言

　　亚当·斯密在所著的《国富论》中提出,良好的税收和税收制度应具备以下特征:确定性、便利性、经济性和公平性。他所谓的公平性指的是横向公平,在那个时代,纵向公平的概念尚未得到广泛关注。亚当·斯密认为,良好税收制度的四大特征缺一不可。当然,在前工业革命和前全球化时代,亚当·斯密不可能考虑现代税收所面临的诸多问题,如累进税收、税收透明、复杂性和逃税全球化等问题。这些问题在当时基本不存在。

　　1776年以来,世界发生了天翻地覆的变化,尤其是近几十年,各领域都加速发展。二战后,税收水平的显著提高产生了一个重要问题：高税收负担应该如何分配于不同的收入阶层。这一问题在以下情况下会更加突出：（1）收入分配严重不均；（2）税收水平显著提高；（3）税收进一步复杂化；（4）个人和资本的流动性加强；（5）经济活动和资本市场的全球化为逃税创造了更多机会。

伴随着上述变化，政府对额外公共收入的需求也逐步增长。发达国家和发展中国家都被迫依赖贷款来维持公共开支，导致公共债务增长，并引发了潜在的危机。未来几年，发达国家亟需提高税收，以便应对当前的财政危机，并为其未来快速增长的需求提供资金，而发展中国家和新兴市场国家也同样需要提高税收，以便政府落实促进增长和提高低收入人群生活水平的政策。

5.2　富人的收入水平

在过去一个世纪里，"支付能力"是税收的重要指导原则。在此指导原则下，高收入者应比低收入者缴纳更多的税，这一观点得到了税收专家、普通民众以及政府的大力支持。尽管学术界和政治界对这一原则的优点进行过辩论，尤其在美国，有人曾建议使用"统一税"，但"支付能力"并未受到广泛的质疑。

然而，一些政治观察人士认为，富人可以创造更多工作机会，促进经济增长，因此，政府应保证富人的收入不受到高税率的波及。这一观点得到了包括很多著名经济学家在内的人士的强烈支持。他们往往不重视政府在经济发展过程中发挥或能够发挥的作用。他们更倾向于认为政府活动本质上是没有生产力的。但是，那些倾向于更重视政府做什么或能够做什么的人认为,在财政收入充足的情况下,政府可以促进经济和社会发展,在基础设施建设、教育投资、科学研究和发展等方面发挥更大作用。在基尼系数高的国家,应税能力主要集中于富人。在税前收入分配相对均衡的国家(较低基尼系数的国家),富人的收入占国家总收入的比例较小,但当税前基尼系数较高时,净收入较高的群体具有较高的应税能力。

彭博新闻社于 2011 年 9 月 1 日报道,一家名为 Wealth-X 的新加坡研究与咨询公司发布的一份研究报告显示,2011 年,在北美共有 62 960 名净资产达到 3 000 万美元以上的超级富豪,在欧洲有 54 325 名,在亚太地区有 42 525 名,在印度有 8 200 名,在印度尼西亚有 725 名。该报告还称,美国财富管理公司聘请了数百名顾问来管理这些富人的资产,其中大多数"顾问"是"税务规划师"。其他国家的超级富豪也做了同样的事。

上述数据指的是超级富豪;实际上,即便不拥有 3 000 万美元以上的净资产,也可以被称为富人,需要承担更多的税收义务。近年来,部分学术文献研究的是针对前 1% 或者前 0.1% 的富人的税收。这些人在自己所居住的国家中被认为非常富裕。不少学术文献通过多年来的税收数据,对这部分富人在总收入中所占比例的趋势进行了追踪研究。

显然,对税收数据的依赖很可能会使对最富有的 1%(或 0.1%)群体的收入估计出现偏差。尤其近几十年来,国家经济的开放程度更高,金融市场进一步全球化,税务顾问在市场上更加活跃,这一切都增强了富人逃税的可能性。除此之外,避税天堂和离岸中心的存在起到了很大作用,而富人向税收机关所报告的收入也可能并未涵盖尚未实

现的资本利得。富人可逐步积累这部分资本利得,最后成为一笔可观
的收入。

有学术研究报告称,20世纪上半叶至20世纪70年代初期,由于
两次世界大战以及大萧条降低了资本收益,同时摧毁了许多私人资
本,所以最高收入阶层在应税收入总额中所占比例大幅下降。这一时
期还有一个特征,即税率急剧上升。特别是在二战期间以及随后的30
年,税率变得非常高。20世纪60年代中期,英国的高额累进税率甚至
为披头士(Beatles)乐队的创作提供了灵感。这首名为《税务员》(*The
Taxman*)的歌曲中有这样两句歌词:"我来告诉你,你应该怎么做,你
的收入只能留5%,而我要收取95%,因为我是税务员。"当时披头士收
入高,需要缴纳的最高边际税率超过了90%,因此他们唱的数据绝不夸张。
当然,普通民众需要支付的平均税率比高收入群体要低得多。

表5.1是美国智库(税务基金会)提交的数据,我们可以清楚看到
1913—2010年间收入达到100万美元(按照2010年的价格计算)的家
庭应缴纳的有效(平均)税率。

表5.1　美国对百万富翁的(现行)有效税率(%)

年份	税率	年份	税率
1913	1.6	1982	47.7
1929	13.4	2000	36.4
1945	66.4	2010	32.4
1965	55.3		

资料来源:税务基金会。

随着玛格丽特·撒切尔(Margaret Thatcher)当选英国首相、罗纳
德·里根当选美国总统,人们对税收的看法开始受到"供给侧革命"和
"拉弗曲线"的影响。这一影响在税收政策上表现为,英美两国的法定

边际税率逐步降低,到 20 世纪 80 年代之后,其他国家也纷纷呈现出这一趋势(见 Tanzi,1987)。在这段时期里,针对最高收入和资本收入的税率大大降低。与此同时,经济活动全球化,全球金融市场逐步建立,商品、资本和专业人才的国际流动性加强,种种因素都使高收入群体在总收入中所占的比例得以提高。同一时期内,针对富人的税率下降了,但他们的收入却大幅提升,因此,他们从两种趋势中都获利了。近年来,这一情况仍在继续,也许只有在金融危机时期,高收入群体的利益才受到了一定程度的冲击。

在英语国家以及印度和中国,高收入群体在总收入中所占比例的增长远远大于欧洲国家和日本。有趣的是,在盎格鲁—撒克逊国家,这一增长是由管理者所获得的劳动报酬骤增而引起的。在过去 30 年中,管理者和高收入群体的劳动报酬显著提高,而工人的平均收入却基本停滞不前。不可思议的是,管理者的生产效率几乎在一夜之间提高了。资本收益(储户投资的被动收益)的增长越来越少。于是,管理财富的群体比选择储蓄或参与实际工作的群体更能获得高收入。

对于产生这种情况的原因,专家们的看法各不相同。而这一情况最直接的后果是,"工资收入"在高收入群体的总收入中占有越来越低的比例。因此,部分政客甚至保守派经济学家认为,如果说高税率会抑制普通工薪阶层的工作动力,那么也会对高收入群体产生同样的作用。

在美国,收入分配中排名前 10% 的富人所获得的收入占总收入的比例在 1970 年为 35% 左右,到 2007 年上升到了 50%。而根据美国国会预算办公室在 2011 年发布的数据,收入分配前 1% 的富人所获得的收入占总收入的比例在 20 世纪 60 年代和 70 年代约 10%,在 2007 年上升到近 25%。美国国税局的数据显示,受金融危机影响,2007—

2009 年,调整后总收入在 1 000 万美元以上的纳税人总数下降了55％,而他们的总收入从 2007 年的 5 616 亿美元下降到 2009 年的2 401 亿美元。到 2009 年,在调整后总收入超过 1 000 万美元的纳税人中,有 81.9％来自工资收入,低于 2000 年的 85.4％。近年来,富人的收入还在不断增加。

加拿大、爱尔兰、英国、澳大利亚和新西兰的情况类似于美国。然而,法国、荷兰、日本、德国和瑞士的情况却截然不同。第二次世界大战前,这些国家的收入分配排名前 1％的富人数量显著下降,在二战后直至今日,这种下降趋势虽有所减缓,但仍在继续。那么我们不禁要问,在盎格鲁—撒克逊国家,人口、收入分配以及政府在经济中的作用是否区别于欧洲大陆的其他国家和日本。有一种说法是,盎格鲁—撒克逊国家普遍信奉在市场经济中"赢者通吃"的观念,而在欧洲大陆国家,这种观念却备受质疑,至少不太能被人们接受。

近年来,银行家及其他金融市场从业者的薪酬,如对冲基金经理(金融资本的分配者)都常常受到社会的负面评价。尤其在美国和英国,金融危机期间,众多金融市场的从业者仍然获得了巨额奖金,而其中一些人是造成金融危机的元凶,导致政府不得不使用其他纳税人的钱来挽救金融危机为银行造成的损失。本章参考文献列举了部分相关著作,供大家参考。

税收优惠和补偿方案的复杂性使财务经理容易抓住漏洞并从中获得巨额收入。然而这部分收入并非劳动所得,又因数量庞大,往往会引起争议。然而,正如苏斯金德曾经说过的那样:"律师和会计师……可以确保自身获取丰厚收入的每个操作都具有合法性"(Suskind,2011,p.236)。因此,尽管高收入群体获取收入的过程具有合法性,但却在道德层面上引起了人们的质疑,并且变得更加尖锐。无法同样从中获利的群体更对这一现象颇有微词。

一些结果表明,自20世纪80年代以来,一些非盎格鲁—撒克逊的国家,如北欧国家(瑞典、芬兰和挪威)和南欧国家(西班牙、葡萄牙和意大利),收入分配前1%的富人所获得的收入仅仅只有少许增长。在除挪威之外的上述国家中,这部分富人的收入占总收入的比例始终维持在10%左右。这与美国和其他盎格鲁—撒克逊国家的情况大相径庭(见表5.2)。

表5.2 各国最高收入所占比例(2005年前后)

国　家	前 0.1%	前 1%	接下来的 4%	前 5%
阿根廷	7.02	16.75	—	—
爱尔兰	—	10.30	—	17.2
荷　兰	1.08	5.38	11.8(1999)	—
印　度	3.64	8.95	—	—
德　国	4.40	11.10	13.1(1998)	24.2
英　国	5.19	14.26	14.5	28.7
澳大利亚	2.68	8.79	11.2(2002)	20.0
美　国	7.70	17.42	15.2	32.6
加拿大	5.23	13.56	15.4(2002)	29.0
新加坡	4.29	13.28	14.6	27.9
新西兰	2.51	8.76	12.7	21.5
瑞　士	2.67	7.76	11.5(1955)	19.3
法　国	2.48	8.73	13.0	21.7
挪　威	5.59	11.82	11.3	23.1
日　本	2.40	9.20	16.1	25.3
芬　兰	2.65	7.08	9.5(2004)	16.1
瑞　典	1.91	6.28	11.1	17.4
西班牙	2.62	8.79	13.4	22.2
葡萄牙	2.26	9.13	15.4(2003)	24.5
意大利	2.55	9.03	12.3(2004)	21.3
中　国	1.20	5.87	11.9(2003)	17.8

资料来源:作者根据 Atkinson 等(2011)中的表格改编。

金融危机前后，收入差异引发了人们的激烈争论。一部分人认为应该对收入进行再分配，尤其应该采用高税率对高收入群体进行征税。然而另一部分人强烈反对这一观点，认为这种方式会干扰市场的正常运行。这场争论在美国尤为激烈。

人们意识到，高收入群体（如对冲基金经理、银行家、首席执行官等）积累巨额财富，但却缴纳少量税款，因而激起了公众的强烈反应。尤其是当高收入的获取方式并不正当，或高收入群体并没有贡献实际经济价值时，人们对此更加不满。而保守派人士却认为，对高收入的批判会引起所谓的"阶级斗争"，并且有助于民粹主义、反市场或反资本主义意识的滋生。

反对以高税率向富人征收是出于两个因素，第一是政治因素——高税收会减少个体劳动者的自主性。所谓自主性，即在市场经济中，劳动者可通过自身努力而"获得应有的报酬"。这一观点出自拉里·萨默斯，并被罗恩·苏斯金德再次引用（Suskind，2011，p.231）。另一个是经济因素。高税收会削弱作为经济发展主力军的高收入群体的积极性，进而对经济表现带来负面影响。

这些年来，一些著名的经济学家（包括萨缪尔森、阿特金森等人）时常忽略或削弱经济理论的真实性，即理论是否建立在事实之上。而保守派经济学家和政治家（尤其在美国）却十分重视这一点。还有一种观点认为，如果一个国家的社会阶层具有流动性，那么就没有理由和必要实行高额累进税。这一观点的产生，起源于多年来欧洲国家和美国在阶层流动性方面的对比。欧洲国家的阶层流动性较低，而美国的阶层流动性较高，也就是说，让许多出身普通的人实现了所谓的"美国梦"。然而，近年来的研究调查显示，美国社会的阶层流动性已大不如前,穷人通常很难改变自身贫穷的状态,这种情况以往都被认为更容易在欧洲发生。一些最新研究认为,在今天的社会中,穷人的后代更加难以通过自身努力赚取更多收入,从而改变自己的阶层现状。

许多国际组织的经济学家,以及包括诺贝尔奖获得者阿马蒂亚·森(Amartya Sen)和保罗·克鲁格曼(Paul Krugman)在内的一些理论经济学家都提倡通过提高富人纳税税率以及政府计划来对收入进行再分配。阿马蒂亚·森认为,个人选择的能力(经济自由的衡量标准)取决于其生活水平。当生活水平很低时,经济自由受到限制,更不必谈论政治自由。对于一个吃不饱的人来说,选举权或选择权可能并不具有那么大的吸引力。

各国政府可以通过提高个人的经济自由来维持公众对民主体制和市场经济的信心。要做到这一点,政府就需要税收。显然,税源很大程度上是具有更大应税能力的富人。当然,政府应该将获得的税收投入到有效的项目中。在许多国家,支付能力或应税能力主要集中在富人身上,而基尼系数是说明高收入群体应税能力的最佳指标。

支持提高富人纳税税率可能是另一个新颖的观点。这一观点是挑战了主流经济学理论普遍认同的观点,即在市场经济中,"人们按劳获取应得的收入"。他们认为,富人获取的高收入和财富是建立在一定的制度基础上的。换言之,这部分收入更应该被看作是支付给部分人的"租金",而不是经济学所定义的"收入"。因此,获取这部分"租金"的群体有义务履行应尽的社会义务。正是社会环境和政府政策为高收入群体提供了获取高额收入的环境。而没那么幸运的低收入人群则没有同样的纳税义务(见 Tanzi,2018)。在一个没有规则、没有政府角色的世界里,富人的收入并非劳动所得。高收入的获取必然存在政府和制度的支持作用,也必然受到特定机构、规则和政策的影响。

要证明上述观点是否合理,我们可以想想 2008—2009 年金融危机期间,许多政府为拯救金融体系,从而保护银行家及其他金融从业者的高收入而采取的种种措施。另外,专利、版权、商标、有限责任制、某些行业的准入限制、进口限制、垄断行为、税收激励政策、对企业"大到不能倒"现状的容忍,以及政府提倡或允许的其他制度,都在保护富人的高收入方面起到了至关重要的作用。没有这些制度、规则和措施,富人无法获得如此高的收入。因为一个真正的自由经济环境会呈现出"完全竞争"的特征,高收入不会产生,或无法拉开收入差距,收入分配也更加平均。政府也不用在收入差距产生后再来发挥其再分配作用。

在许多国家,个人的经济和政治权力往往相互联系,这种情况在某些国家尤为突出。这也是为什么需要对富人进行高税率征税的原因之一。高收入和巨大财富必然赋予个人更大的政治权力。随着各国税法的日益复杂化,个人也更容易运用权力找到税法漏洞,从而获取利益(见 Tanzi,2018)。

近几十年来,一些金融工具和补偿方案(如递延股票红利)的产生可以成功地帮助富人避开现行的高税率。而全球化进程更有利于富人实现这一目的。另外,高收入群体有财力雇用专业人士寻找税法漏洞,或税法中模糊的可利用之处达到目的。富人还以雇用精通立法程序的说客,让法律为自身利益服务。

许多富人和说客都与公务员、高级官员和政治家建立了人脉关系。这些政府人员通常具有对税法的解释权,还可以推动新税法的制定。因此,一个运作良好的政府应(1)提高经济制度的竞争力;(2)促进法律和规则的透明化;(3)消除向富人提供租金的因素。否则,提高高收入群体税率的需求会进一步增加。

表 5.2 提供了部分国家前 0.1％、前 1％ 和前 5％ 的高收入纳税人应纳税收入所占的比例。从该表中可以看出,各国之间的差异较大,尤其是美国和英国。这些数据主要以税收数据为基础,而这些群体的真实收入可能远远高于表格显示的数据。美国国会预算办公室于 2011 年 10 月公布的前 1％ 高收入纳税人的总收入明显高于表中所示。2007 年,即金融危机前一年,这一部分群体的总收入超过了整体收入的 20％(Congression Budget Office,2011)。

该表格还提供了前 5％ 的高收入纳税人的应纳税收入。在税收数据十分缺乏的发展中国家,关于收入分配的数据也有助于评估发展中国家税收的公平性。表 5.3 提供了全球不同地区的基尼系数和贫困情况。

表 5.3　2004 年基尼系数与 2005 年贫困状况

国家/地区	基尼系数	贫困状况*
发达国家	32.3	无
东欧与中亚地区	33.6	12.9
南亚	38.9	84.4
中东与北非地区	38.9	28.4
东亚与太平洋地区	39.1	50.7
撒哈拉以南非洲地区	44.7	80.5
拉丁美洲与加勒比海地区	52.2	22.1

注:* 表示低于每日 2.5 美元。
资料来源:作者分别根据 Lustig(2010)以及 Chen 和 Ravallion(2008)改编而成。

如果不把重点放在收入上,而是放在最富有的 1％ 人口的净收入上,美国前 1％ 的高收入群体所拥有的净收入占 34.6％,相比之下,占国家总人口 80％ 的低收入群体所获取的收入却只占总收入的 15％。

在金融财产方面,前 1% 的高收入群体的财产占总财产的 42.7%,而占国家总人口 80% 的低收入群体所拥有的财产只占总财产的 7%(见 Domhoff, 2006)。前 1% 的富人所拥有的财产比例在 1929 年达到 44.2%,但在 1974 年下降至 19.9%。但在 20 世纪 70 年代之后,这一比例急剧上升,1995 年达到 38.5%,2007 年略降至 34.6%。

5.3 政府在减少收入分配不均中所发挥的作用

自 19 世纪 80 年代,德国著名经济学家阿道夫·瓦格纳主张,政府发挥作用,促使财富分配更加平均以来,许多经济学家和公民都希望政府能够在社会收入再分配中承担一定的责任。

政府可发挥的作用如下:

(1)改善市场的运作。真正运行良好的市场经济不太可能产生过度不平均的收入分配。因此,政府应该大力打击垄断行为和特定公民群体的"租金"收入来源、市场失灵、腐败和职权滥用行为。正如前文所述,政府应杜绝服务于特定群体、为其创造政治和经济优势的"制度资本"的建立。政府还应致力于消除"裙带资本主义""大到不能倒"的机构、拥有政治权力的游说团体,以及以牺牲他人为代价而获取利益的腐败行为。

(2)提高低收入群体的生产能力,为他们提供良好的基本教育机会和经济知识培训,以便提高他们的阶层流动性。同时,政府应完善基础设施,为低收入群体提供基本医疗保障。政府还可以在必要时进行一定程度的资产再分配。但是,政府公共计划可能受到以下因素的影响:效率低下、腐败、公共计划倡导者或受益人寻租、依赖政府补助以求不劳而获等行为。政府应避免公共计划受到以上因素的影响。不得不说,上述现象在公共计划执行中十分普遍,为部分人提供了现成的理由来反对政府在收入分配中发挥作用。而政府计划要执行,必然需要一定的资源,在大多数国家,这种资源主要是源自税收。

(3) 建立有效的税收制度。税收制度首先必须提供足够的政府收入,确保政府能够适当、有效地履行其职能;其次必须满足"横向公平"原则,并重视"纵向公平"(换言之,税收必须尽可能保持横向的中立性,而在经济上可行的范围内实行纵向上的累进税收,同时需保证法定税率不会对公民的劳动积极性产生明显的抑制效应;以及最后必须重视净收入较高的群体,确保这部分应税能力较高的群体贡献应有的税收份额,同时确保他们不会因为高税率或高遵从成本而负担过重。

一方面,税收应该满足政府对收入的需求,另一方面,应该防止税收对公众的劳动积极性产生抑制效应,或者说对纳税人造成过多压力,从而采用逃税或避税手段来逃避高额税收规定带来的压力。政府应该尽可能维持这两方面的平衡。这一问题多年来受到税务专家的广泛关注(例如,Slemrod and Bakija,2004)。这一节我们讨论了对高收入群体征收更多税收的必要性,下一节我会重点讨论向富人征税的困难。其中会不可避免地重复前一节中讨论过一些观点。

5.4　向富人征税

富人拥有更多财富和收入、更良好的社会关系和更专业的税务顾问。他们能够更轻易地获得国家的"制度资本"。随着经济全球化进程的推进,富人能够运作地市场更加开放广阔——一些国家税率较高,而一些国家税率很低,甚至为零,实现了所谓的"避税天堂"。这是国家之间的差异为富人创造了在各国间实现税收套利的机会。

很多复杂的因素都可能导致富人隐瞒其部分甚至全部收入,这些因素包括:税收制度的复杂性;会计流程缺乏透明性和客观性;政府的行政能力有限;国家税务管理部门的资源有限;税务管理人员的腐败行为;以及某些国家对逃税大环境的容忍。除此之外,不少会计师可以利用手段选择在低税收国家上报收入,或将正常补贴转换为较低税率的资本利得,这些都可能造成向富人征税的困难。

对于企业来说,采用"转让价格",或对借入资本的成本进行(任意或主观)估价,利用"避税天堂"作为贷款渠道,操纵专利、商标和版权的使用成本,甚至操纵货物运输的保险成本,都可能在特定国家实现减税,甚至完全不纳税的目的。

我们可以得到对全球逃税的规模的"统计"。Guttentag 和 Avi Yonah(2005)估计,富人通过国际逃税行为给美国带来的收入损失为500 亿美元,这一数据受到了其他税务专家的质疑。税收正义联盟(Tax Justice Network)称,全世界所有国家因国际逃税行为而造成的收入损失达到了 2 550 亿美元。虽然这些统计往往是推测,而非真实估计,遭到了各方质疑,但我们可以从很多证据中间接看到国际逃税行为的规模。

税收正义联盟是旨在促进世界税收公正的智库,据它报告,"超过有效税收范围"的海外持有的资产"约占全球总资产的三分之一"。如果此话属实,那么这个数据无疑是相当庞大的。诚然,正如统计数据所示,很多资产被转移到离岸中心和避税天堂。税收正义联盟估计,个人在海外持有的资金(除开公司持有的资金外)约为11.5万亿美元。转移到海外的巨额资金导致资金拥有者的合法住所所在国家每年都会损失大量税收收入。这些逃税行为的受益者大多是富人。另外,还应考虑到由于这部分资金是在海外持有而非公司分配未能纳税的情况。根据全球金融诚信(Global Financial Integrity,GFI)组织的报告,犯罪活动和重大腐败行为每年创造的收益达到了1万亿—1.6万亿美元。这些收入显然也涉及税收问题。牛津大学圣安妮学院的亚历克斯·科巴姆(Alex Cobham)称,发展中国家每年损失的税收达到3 850亿美元,造成这一损失的主要原因是国际逃税。其他估计数据来自其他渠道。

个人和公司是如何通过"税收筹划"进行避税和逃税,有大量文献对此进行了阐述。企业通常通过对投入产出价格进行操纵,逃税避税。而个人信息保密为个人进行逃税避税提供了重要前提条件。许多国家都允许对存款人银行账户和其他信息进行保密,理由是防止个人隐私被政府窃取。这一观点尽管有一定道理,但是不应成为富人逃税避税的借口。目前,一些避税天堂的人均收入达到世界最高水平。通常,避税天堂通常不愿意与纳税人所在国交换相关信息,这使得保护国外纳税人的"隐私"成为避税天堂牟取利益的一种手段。

税收正义联盟称,信息"保密"的方式多种多样,如"银行信息保密""信托""基金会""慈善机构""离岸公司",以及"其他公司形式"。除此之外,企业还常常提名其他人作为企业的"代理人",从而隐藏真正的企业所有人。企业还通过"拒绝向司法管辖区提供信息",或"拒绝收集相关数据"等方式对企业真实信息进行保密。世界银行的一项研究,即"傀儡大师"(the Puppet Masters)研究了关于"腐败分子如何利用法律结构上的漏洞来隐藏和盗取资产"等相关问题(World Bank,2011)。这是许多高收入国家面临的重大问题。

Gravelle(2009)提供的数据更容易让我们看到这一问题的严重性。以美国为例,美国公司在其他国家所获得的利润占该国 GDP 的比例如下:在百慕大为 645.7%,在开曼群岛为 546.7%。而在"避税天堂"名单所列的其他小岛屿也相差不大。而在未被明确列为"避税天堂"的国家,这一比例也相当大。例如,在卢森堡为 18.2%,在塞浦路斯为 9.8%,在爱尔兰为 7.6%。只要这些收入在国外,美国就无法对其进行征税。而由于这些收入分配在国外,美国税收遭受了巨大的损失。

"世界税基"(根据现有税法对全世界的可征税收入进行的预估)的实行目前被分割成数百个司法管辖区,然而个人所得税却只能在纳税人所在国进行征收。也就是说,个人所得税只能上交给纳税人居住国或司法管辖区。这种局面必然导致税收的不公平性。要解决这一问题,税收流程必须具有透明性,而各司法管辖区应通力合作,交换相关信息,并有效使用信息防止逃税、避税的行为。不幸的是,目前纳税人的行为并不具有透明性,且各司法管辖区合作程度也不够。同时,各地区是否能够有效利用所得信息,仍需要进一步证实(见 Tanzi and Zee,1999)。

包括美国在内的许多国家,多年来一直讨论简化税收的必要性。然而,这些国家并没有采取实际行动,税收仍然进一步复杂化。税收复杂化是一个累积的过程,导致个人所得税和企业所得税等税种的应税基础都遭到"侵蚀"。经济学所定义的税基和实际征税的税基之间的差距越来越大,尤其是对于富人的收入而言,富人的实际收入远远超过了所提交的可征税收入。

5.5 结 论

随着逃税行为日益全球化,我们很难客观明确地判断逃税行为究竟会日益严重还是得到改善。在人们的印象中,逃税(通常是以不太明显的避税形式进行)行为正在愈演愈烈。这可能不仅仅是人们的印象,而是一个事实。只要各国的税收水平、税率、税收结构和激励措施仍然存在差异,个人和企业纳税就难以实现公平性,从广义上来说,税收公平的实现将变得遥不可及。

必须重申,虽然促进税收公平需要更多的国际合作,但也需要所有国家,特别是大国采取具体行动。指望外部环境的改变来解决所面临的困难未免是不切实际的。而随着时间的推移,世界经济的发展趋势会使税收公平的目标越来越难以实现。

参考文献

Atkinson, Anthony B., Thomas Piketty, and Emmanuel Saez, 2011, "Top Incomes in the Long Run of History", *Journal of Economic Literature*, vol. 49, no. 1, pp. 3—71.

Chen, Shaohua and Martin Ravallion, 2008, "The Developing World Is Poorer than We Thought, but No Less Successful in the Fight against Poverty", Policy Research Working Paper 4703(World Bank).

Congressional Budget Office, 2011, *Trends in the Distribution of Household Income between 1979 and 2007*, Pub. no. 4031(October).

Domhoff, G. William, 2006, "Who Rules America? Power Politics and Social Change"(New York: McGraw-Hill).

Gravelle, Jane G., 2009, *Tax Havens: International Tax Avoidance and Evasion*, CRS Report for Congress, 7-5700(July 9).

Guttentag, Joseph and Reuven Avi-Yonah, 2005, "Closing the International Tax Gap", in Chapter 5, Max B. Sawicky, editor, *Addressing the Crisis in Federal Tax Administration*

（Washington, DC, Economic Policy Institute）.

Lustig, Nora, 2010, "Latin America Social Report Card: A Scorecard of Governments' Commitment to Social Equity"（January）.

Slemrod, Joel and Jon Bakija, 2004, *Taxing Ourselves: A Citizen Guide to the Debate over Taxes*（Cambridge, MA and London: The MIT Press）.

Suskind, Ron, 2011, *Confidence Men: Wall Street, Washington, and the Education of a President*（New York: HarperCollins Publishers）.

Tanzi, Vito, 1987, "The Response of Other Industrial Countries to the U. S. Tax Reform Act", *National Tax Journal*, vol. XL, no. 3（September）, pp. 339—355.

Tanzi, Vito, 2018, *The Termites of the State: How Complexity Leads to Income Inequity*（Cambridge and New York: Cambridge University Press）.

Tanzi, Vito and Howell Zee, 1999, "Taxation in a Borderless World: The Role of Information Exchange" in Gustaf Lindencrona, Sven-Olof-Lodin and Bertil Wiman, editors, *Liber Amicorum—International Studies in Taxation Law: Law and Economics*（London, The Hague and Boston: Kluwer Law International, pp. 321—331）.

World Bank, 2011, *The Puppet Masters*（Washington, DC: World Bank）.

金融危机前税收对财政不平衡的影响

6.1 引　言

本章讲述税收发展可能导致人们对经济大衰退前的财政不平衡状况进行错误评估。大衰退固然会加剧财政不平衡，但人们往往忽略了经济的虚假繁荣和泡沫经济会在表面上缓解财政不平衡的状况，并促使经济增长率远远高于人们所预期的长期经济增长趋势。这一情况就发生在金融危机前的部分国家，导致那一时期人们对经济的发展过度自信。本章所讨论的重点是组成欧盟、欧洲货币联盟（European Monetary Union，EMU）以及OECD的成员国。

1960—2008年间，OECD成员国有很好的可比数据,其税收总额的增长数额占 GDP 的 12％,这在 1965 年之前的 20 年里达到了最高点。而欧洲国家的税收增长率更高。在当时的半个世纪里,税收占 GDP 的比例上升程度最高的国家包括丹麦(23％),意大利、葡萄牙、西班牙和瑞典(约占 19％),其次是比利时和其他一些国家。然而在 1960—2008 年间,美国的总税收水平却例外地经历了小幅下降。

这一时期的特点是高税率以及税收在 GDP 中所占比例的快速增长。同时,人口增长为社会提供了大量劳动力,退休人数较少。但是,税收收入仍然不足以支持快速增长的公共支出。因此,许多国家开始积累公共债务。财政赤字和不断增长的公共债务并没有让大多数政府感到担忧,因为受到凯恩斯主义的影响,人们普遍认为通过扩大总需求,财政赤字会促进更快的经济增长,从而解决公共债务造成的种种问题。近年来,这种观点在部分国家仍然很常见,并阻碍政府采取行动减少财政赤字。

欧洲货币联盟最初的 12 个成员国的公共债务在 GDP 中所占比例在 1977 年仅为 31.0％,在欧洲货币联盟成立前的 1997 年,上升到了75.4％。为应对未来可能出现的困难,国家必须获得足够高的税收,以应对巨大的公共支出,而在早些年由于通货膨胀对利率的影响,公共债务有所膨胀。近年来,欧洲央行(European Central Bank)的政策大大降低了偿还公共债务的成本,但公共债务占 GDP 的比例仍然继续增长。

1997 年后,在欧洲货币联盟国家筹备发行欧元的几年里,部分国家,尤其是欧洲货币联盟成员国的财政账户呈现出改善的迹象。然而,在新货币正式推出后不久,2002 年 1 月 1 日,包括一些大国在内的欧洲货币联盟成员国的财政账户开始恶化。包括法国和德国在内的许多国家都对《稳定与增长公约》(Stability and Growth Pact)提出了质疑(该公约对财政赤字和公共债务两个方面进行了规定),希望在增加公共开支方面具有更多的灵活性。

许多经济学家仍然认为,更大的财政赤字将有助于激发实际GDP的增长潜力。结构性财政平衡弥补了经济疲软对财政平衡的消极影响,使财政账户在表面上呈现良好状态,因此许多国家十分重视这一操作。一些经济学家呼吁,在按照《稳定与增长公约》估算财政赤字规模时,可以使用"黄金法则",即允许各国将公共投资排除在公共支出之外。当时的英国正是如此。一些欧洲货币联盟成员国开始依赖于"一次性""预算外",以及"社会工程"等有潜在问题的措施,以便在表面上遵守财政规则(见Tanzi,2013,Chapter 6)。

这一现象使得欧盟委员会的专家很难了解部分国家财政账户的真实状况。因为欧盟委员会的专家所拥有的权力和内部信息远远少于这些国家的国内专家。部分国家甚至故意向欧盟委员会上报不实数据(见Tanzi,2007)。2005年,欧洲货币联盟成员国同意修改《稳定与增长公约》,其影响力被大大削弱(见Tanzi,2008)。

到了2003年,任何有经验的财政从业者都应该清楚,许多国家的财政状况开始迅速恶化。2003年8月,我在英国《金融时报》专栏上发表了一篇文章,对即将到来的财政危机提出了警告——在后来的一些文章中我也反复重申了这一点。然而,很少有人注意到这一趋势。正如前文所述,《马斯特里赫特条约》(Maastricht Pact)的作用在2005年就被大大削弱,因此,人们更容易为部分国家(包括当时的法国和德国)的财政越轨行为进行开脱。这一切都为随后事态的发展铺好了道路。当金融危机从美国扩散到欧洲时,部分欧洲国家对此措手不及,无法应对其带来的严重后果。

6.2 税收和供给侧改革

谈到税制结构的重大变化对财政发展中所发挥作用,我们可以回头看看当时各国的财政情况。正如第 4 章所述,20 世纪 70 年代后半期,许多国家的经济呈现"滞胀"状态(即经济停滞但通货膨胀持续高涨的经济现象)。而当时,各国的税率普遍偏高,因此,部分人开始反对高税收以及政府日益加强的经济作用。1980 年,通过对消费价格的衡量得出,意大利、爱尔兰、西班牙、英国和新西兰的通货膨胀率超过了 15%。而澳大利亚、加拿大、丹麦、芬兰、法国、挪威和瑞典等国的通货膨胀率超过了 10%。另外,美国的通货膨胀率也呈现较高趋势。至此,通货膨胀成为各国不容忽视的问题。

经历滞胀使人们开始质疑之前被广泛接受的一种观点,即经济增长的停滞和高失业率会导致低通货膨胀率甚至通货紧缩。此时,有许多经济观察家(包括一些著名经济学家)并不重视物价上涨的潜在危险。实际上,由于经济增长率低,失业率仍旧居高不下,物价上涨可能会使名义利率恢复到 20 世纪 70 年代的水平。在 20 世纪 70 年代,高税率和高通胀率之间的相互作用尽管减少了财政赤字,但却给税收制度带来了重大危机。

通货膨胀为税收制度造成的第一个问题是"财政拖累"。高通货膨胀水平提高了人们名义上的收入,尽管实际收入并没有变化,纳税人的收入却被推高至更高的税收级别。这一效应给政府带来了税收暴利,但却给纳税人带来了额外的税收负担。通货膨胀也扭曲了部分税基(利润、利息收入、资本利得),从而创造了虚假收入。通货膨胀率越高,法定所得税税率越高,通货膨胀造成的负面影响就越大(见 Tanzi,1980)。

经济滞胀引起了公众对高税率的强烈反对情绪,同时也促使人们呼吁所得税明细表和某些税基指数化的调整,以便消除通货膨胀带来的负面影响(见 Tanzi,1980)。

针对高税率的其他反应也出现了,尤其是在美国,一种叫做"拉弗曲线"的经济理论应运而生。该理论认为,超出一定水平范围的高税率不仅不会增加反而会减少税收收入。保守派经济学家和政治家将"拉弗曲线"理论作为有力的宣传工具,通过宣扬降低税率甚至征收低税率的"统一税"而获得大批公众的支持,从而获得了大量追随者,尤其在东欧国家向市场经济转型后,其中部分国家实行征收"统一税"。美国的"茶党"运动也是"拉弗曲线"造成的直接结果。

保守派和著名经济学家们中的许多人与"芝加哥学派"颇有渊源,他们致力于提出并推动经济领域的新思想,提倡削弱国家在经济中的作用。在这些经济学家中,米尔顿·弗里德曼是最鼎鼎大名、家喻户晓的一个。除此之外,还有哈耶克(F. A. Hayek)、乔治·斯蒂格勒(George Stigler)、鲍勃·卢卡斯(Bob Lucas)、詹姆斯·布坎南(James Buchanan)以及罗伯特·蒙代尔(Robert Mundell)。这些著名经济学家或多或少都与芝加哥有关,弗里德曼获得了诺贝尔经济学奖,因此对当时的经济领域具有较大影响力。20 世纪 50 年代经济学理论的主要发源地——马萨诸塞州的剑桥,已经被芝加哥取代。而芝加哥的经济学家反对政府过多干涉经济活动,反对高税率,希望加强市场应发挥的经济作用。

经济领域的变化引起了税收制度改革。1986 年,里根政府推出了"根本性"税制改革,大幅降低了税率,初步扩大税基,减少了税收激励和税收优惠,以限制税收收入的损失。这项改革对于盛行了三十年的高税率来说,无疑是沉重的打击。

1986 年,美国的税制改革对其他国家起到了重要的"示范作用"。部分国家很快效仿美国,降低税率,启动税收竞争机制。这些措施在降低税率的同时也造成了公共债务增加。而对于 OECD 成员国和欧洲国家来说,20 世纪 90 年代,平均税收(税收负担)较之前增长速度放缓。从 20 世纪的第一个十年,到金融危机发生,更多的国家选择减少而非增加税收在其 GDP 中所占的比例。

然而,即便是在政府相对保守的国家,公共开支也呈现持续增长之势,从而导致公共债务的增长。这一现象同时表明,不同于经济学家,当时的政治家并没有采取 20 世纪 70 和 80 年代的经济理念,即主张削减而非增加公共开支。金融市场的全球化使各国政府倾向于使用更划算的国外贷款为其财政赤字和某些私营部门的经济活动进行融资。因此,市场参与者普遍认为,即便金融危机发生,国家经济也会得到救助,但毫无疑问,这种融资方式会导致大多数国家的债务(无论是公共的还是私人的)急剧上升。债务融资更容易在共同货币区的国家之间实现,例如欧洲货币联盟成员国。正如一本书中所描述的那样:"经济大萧条……的前兆就是国内债务的不断增加。"(Mian and Sufi,2015,p.8)

如果把 1985 年和现在的税率进行比较,就会发现大多数国家的个人所得税和企业所得税的税率都显著降低了。总体上来说,所有国家的企业所得税税率相较于 1985 年都有所下降,特别是在较小的国家,企业所得税税率降低幅度较大国更明显。

当时,全球金融市场与高税率的税收制度并存,同时允许借款企业将(所借款的)利息支付作为计算应纳税利润的可扣除成本,但对其所使用的股权资本进行完全征税,这就促使企业更倾向于使用债务而不是股权资本来为经济活动进行融资。全球金融市场的融合与对利息支出的税收优惠政策,导致了全球债务急剧增长,各国的总债务(公共和私人债务)占 GDP 的比例明显上升,为近年来许多国家的经济发展带来了巨大的困难。

欧洲货币联盟成员国的政府和企业可以轻易地从其他成员国的银行或资金渠道借贷资金。货币联盟同时也消除了汇率风险。但值得注意的是,陷入金融危机的欧洲货币联盟成员国所征收的企业税率都不高,或者都实行税收激励措施,使实际收取的税率远远低于法定税率。

债务融资的发展导致了一个新兴系统的产生——影子银行系统。影子银行的经济交易活动通常不透明,因此难以监管,导致了"避税天堂"的产生。"避税天堂"可以提供贷款服务,也可获取利息收入而不向任何政府上报,因此这部分收入通常可以逃避税收。影子银行系统间接地改变了税收生态。

上述发展对税收制度产生的另一个重要影响是,各国被迫逐步降低对资本来源收入的税率,而同时仍然以高税率对普通工人进行征税。

其结果很可能是失业率上升,因为在竞争激烈的经济体中,高工资税可能会导致劳动力成本上升,收入分配越来越不平衡。自 20 世纪 70 年代以来,收入分配不均进一步恶化,从而引起了人们对资本主义制度公平性和持续性的质疑。金融危机则加剧了这一矛盾。近几十年来，许多国家的收入分配越来越不平衡，高收入群体的所得税率反而较低，导致人们呼吁采取民粹主义政策。

6.3　大衰退之前的税收暴利

20世纪80年代以前，许多政府采取措施提高税收水平，然而这一措施却在最近几年饱受质疑，上一节已对其原因进行了阐述。到新千年来临之际，部分国家的税率不仅没有上升，反而有所下降。这表明，降低税率已经成为了新的趋势。接下来的几年里，经济泡沫时期来临，对部分国家产生了深远的影响。

在千禧年的头十年间（一般从2002—2003年开始），宽松的贷款环境催生了某些经济领域和部分国家的经济"泡沫"，也就是说，某些经济领域（特别是住房和金融）的收入增加，人为地创造了经济增长，也给政府带来了暴利税收收入。在这一阶段，出现经济泡沫的国家的经济增长速度更快，政府获得的税收收入更多。暴利税收使许多经济学家坚持认为公共财政与2007年的经济危机几乎没有或不存在联系。比如，在金融危机前，西班牙和爱尔兰的公共账户数据良好，但仍然无法避免被卷入金融危机之中。

在受金融危机影响最严重的国家中，冰岛、爱尔兰、葡萄牙、西班牙、英国和美国因经济"泡沫"而获得的暴利税收收入尤为显著。当然，其他国家也存在经济"泡沫"带来的收入增长。表6.1提供了这部分国家税收的统计数据。

表 6.1　泡沫对税收的影响（占 GDP 的比例，%）

	2003 年	2004 年	2005 年	2006 年	2007 年	2008 年	2009 年	2010 年
总税收收入								
冰　岛	—	37.9	—	41.5	—	—	33.9	—
爱尔兰	28.3	—	—	31.7	—	—	27.8	—
葡萄牙	31.6	—	—	—	32.5	—	30.6	—
西班牙	34.2	—	—	—	37.2	—	30.6	—
英　国	34.3	—	—	36.4	—	—	34.3	—
美　国	25.5	—	—	—	27.9	—	24.1	—
所得税和利润税								
冰　岛	16.1	—	—	—	18.4	—	16.0	—
爱尔兰	11.3	—	—	12.5	—	—	10.1	—
葡萄牙	—	8.8	—	—	—	9.3	8.6	—
西班牙	9.6	—	—	—	12.4	—	—	9.0
英　国	12.6	—	—	14.5	—	—	—	13.1
美　国	11.0	—	—	—	13.6	—	9.8	—

资料来源：OECD。

在金融危机前的 2003—2004 年至 2007—2008 年间，表 6.1 显示了泡沫对税收，特别是个人收入和盈利可能产生的影响。部分国家获取的暴利税收收入超过了 GDP 的 3%。在这段时期内，对这些国家来说，暴利税收收入在很大程度上掩盖了税收制度存在的问题。这一点已在前文中进行了讨论。部分国家的财政账户在表面上看起来比其实际情况更健康、更合理，更符合《马斯特里赫特条约》关于财政赤字的规则。同时，泡沫所造成经济增长率也缺乏真实性。

一旦泡沫破裂，这些国家将不可避免遭受巨大的收入损失，这种损失将与国家 GDP 的降幅不成比例。极端的例子可参考冰岛和西班牙，其收入损失分别占 GDP 的 7.6% 和 6.6%（见表 6.1）。该数据在爱尔兰和美国约为 4%，在英国和葡萄牙约为 2%。部分城市，尤其是伦敦和纽约，也遭受了巨大冲击。某些国家的税收种类（特别是企业所得税和财产税)的"征收滞后"现象延迟了泡沫破裂所造成的税收效应。

财政收入减少的同时,许多国家被迫通过增加公共支出,以应对日益增长的失业率,以及扶持受金融危机影响最严重的行业和部门,特别是银行业和房地产业。

随着泡沫破碎而来的经济衰退,以及经济衰退正式结束后持续数年的低经济增长率,使许多欧洲国家的失业率居高不下。一方面,住房和金融领域的失业者难以转行到其他领域;另一方面,许多失业者是某些领域的专业人才,因此难以被取代,所以失业率在一段时期内会保持在较高水平。同时,经济增长率相较于泡沫时期的膨胀率来说将保持较低水平,因此,税收的净现值在未来一段时期内减少,但财政赤字在当前和未来一段时期内却仍然维持在较高水平。另外一个问题是,在当时的政策下,人口结构快速变化,因而公共支出也会进一步增长。

税收收入的减少和高额的财政赤字(尽管许多国家对其债务支付的利率极低)在许多国家仍然存在表明,一直被部分专家所呼吁的凯恩斯主义式扩张政策并不能解决当前的困局。

要刺激经济增长,政府需要认真规划并采取重大结构性政策,对当前局面进行必要的调整,包括放宽对部分经济活动的限制,以及改革养老金制度和劳动制度(见 Tanzi,2015)。这些改革从中长期的角度来看必然会提高生产率,促进经济增长,但在短期内的效果可能并不明显。因此,政府可以暂时依靠对高收入群体增税或削减某些领域的支出作为应对当前财政困难的手段(见 Tanzi,2013,2018)。

伴随着金融和经济危机而来的是税收下降,为此政府提供了一些受欢迎的、短期的、内在的财政稳定器。但是这些财政稳定器也同时提高了财政赤字和公共债务的数额。这一趋势造成了市场主体对财政账户的可持续发展的担忧,从而导致一些(或许多)潜在投资者不敢投资实体经济,不敢推动减税政策。可预料的低经济增长率和经济活动的减少降低了潜在投资的预期回报。此外,投资的不确定性使投资者面临失去所有投资资金的风险。此时国家发行的政府债券被认为是"安全"的,可在短期内为人们提供方便、短期的资金存放场所,以等待经济形势好转。这种措施降低了为"安全国家"财政赤字融资的成本,制造了另一种财政幻觉。

在一些国家,如美国,税收负担仍然如 50 年前一样低;而在日本,增值税税率和税收比率仍然很低;在另一些国家,如韩国,在未来几年里仍然存在理论"空间"来增加其税收负担,以便减少财政赤字。然而,因前文所述的某些原因,大多数国家,特别是大多数欧洲国家,不太可能有太大的空间来持续提高税收水平,尽管其中一些国家需要并已采取措施在短时间内增加税收。

要摆脱财政危机,从中期来看,可以结合以下措施:(1)采取可以提高生产率和促进经济增长的结构性改革;(2)小范围提高税收,如减少逃税行为,以及提高对富人的税收(富人的支出不易受到增税而减少);(3)重新设计国家在经济活动中所扮演的角色,减少对(低效的)公共支出的依赖,重点依靠有效的规章制度和"自由家长制度"来促进经济增长。这些措施可以将公共支出减少到接近几十年前的水平。当然,削减支出必须体现出严格的公平原则,同时应该循序渐进地进行,以防总需求在短期内缩减。但也不应过度关注需求的减少,否则会延迟有效措施的执行,加剧财政困难。

6.4 结 论

本章讲述了税收制度结构的长期变化,同时分析了过去几十年里税务管理人员在有效公平地提高税收时所遭遇的日益严重的困难。由于对不同资本来源征收的所得税率可能不同,因此部分在金融危机期间受到严重影响的国家可能会吸引过度的金融资本。但是,由其他国家提供资金支持的高额公共支出和私人支出所造成的影响更加不容忽略。未来财政账户的整合主要应该依靠对公共支出的削减,以及尽可能刺激经济增长。在削减公共支出的同时,还必须制定政策,使税收制度更加公平。这些政策应包括如何更有效地打击逃税行为。

与欧洲货币联盟一样,相较于其他地区,共同货币区更需要协调其内部各成员国的税收制度。其原因在于,对于在共同货币区内流动性很强的生产资源,成员国之间税率差别过大的税收制度可能会刺激资本过度向低税率国家流动。此类现象在金融危机发生前的几年就已经在欧洲货币联盟成员国之间发生了。

货币联盟需要加强各国财政政策的协调,以防止财政赤字较高的国家从赤字较低或有盈余的国家吸引过多的资金,因为共同的货币政策和通用货币有助于成员国之间进行融资。因此,货币联盟必须严格执行规则(平衡预算规则?)来防止各国财政情况差异过大。这一点是美国联邦(United States)和其他一些联盟所拥有的优势,但是欧洲货币联盟所缺乏的。当然,货币联盟成员国是否应该具有相同的税收负担、相似的社会计划以及相近的公共支出在 GDP 中所占比例,这一点悬而未决。从长远来看，这样做可能是合理的，因为不同的税收水平可能造成生产率的差异，从而影响国家竞争力，而不同的社会计划可能制造不同的支出压力，从而影响国家的财政账户。

如果欧洲财政局（European Fiscal Authority）承诺为其成员国的大部分公共支出负责，同时，要求其成员国遵循预算平衡的原则，这将要求成员国放弃本国特有的国家计划，采用财政局制定的共同计划。这是一个重大的政治举措。这一措施将欧盟或欧洲货币联盟转变为一个类似于美国、加拿大和巴西的联邦，同时此举将各国应尽的财政责任转移到了欧洲财政局身上。即便现有联邦制的经历表明，这种转变并不能保证财政局所采取的财政政策必然发挥良好的作用。但财政可持续性发展不再是单个国家而是财政局应该所面临的问题。

参考文献

Mian, Atif and Amir Sufi, 2015, *House of Debt* (London and Chicago: Chicago University Press).

Tanzi, Vito, 1980, *Inflation and the Personal Income Tax: An International Perspective* (Cambridge: Cambridge University Press).

Tanzi, Vito, 2007, "Fiscal Policy and Fiscal Rules in the European Union", in Anders Åslund and Marek Dąbrowski, editors, *Europe After Enlargement* (Cambridge: Cambridge University Press, pp.50—64).

Tanzi, Vito, 2008, "The Stability and Growth Pact and Its Revision", in Luís Silva Morais and Paulo de Pitta e Cunha, authors, *A Europa E Os Desafios do Século XXI* (Lisbon: Almedina, pp.249—262).

Tanzi, Vito, 2013, *Dollars, Euros, and Debts: How We Got into the Fiscal Crisis, and How We Get Our of It* (London and New York: Palgrave Macmillan).

Tanzi, Vito, 2015, "Crises, Initial Conditions and Economic Policies", in Symposium "Structural Reforms and Fiscal Consolidation: Trade-Offs or Complements?", Federal Ministry of Finance(Germany), March 25, 2015, pp.41—57.

Tanzi, Vito, 2018, "Termites of the State: How Equality Leads to Inequality" (New York and Cambridge: Cambridge University Press).

税收与公平的经济发展

7.1 引　言

第二次世界大战之后，联合国和布雷顿森林体系（国际货币基金组织和世界银行）成立。联合国专门建立办公室，首次对其成员国的经济数据进行统计，也是首次提供各国国民收入和人均收入的数据以进行综合比较。

这些统计数据使经济学家和政策制定者比以往任何时候都意识到各国在人均收入和生活水平之间的巨大差异，这种差异在富国和穷国之间尤为明显。因此，他们认识到必须提高人均收入，特别是在穷国。联合国成为了"增长"和"发展"的有力倡导者。尽管"增长"和"发展"之间的差异是显而易见的。尽管"增长"水平比"发展"水平更容易用数据测量，"发展"也一直被认为是各国应该达到的最终目标，但是"增长"水平往往是大多数研究最重视的统计对象。

"发展经济学"就是在此时应运而生。作为经济学的一个分支，"发展经济学"致力于寻求促进国家经济快速增长的政策和因素，从而提高人民生活水平。当时的经济学家一致认为政府必须在促进经济增长方面发挥主导作用。

当时的知名经济学家首先注意到的因素是"资本积累"。正是资本积累的差异导致了各国人均收入的差异，而资本积累率的差异也是增长率差异的原因。1930 年，凯恩斯曾写道："资本积累……标志了现代的开始"，而"通过复利进行的（资本）积累"推动了增长（［1930］1933，p.361）。"资本产出率"成为重要的统计数据。人们期望政府采取政策行动来创造资本。对贫穷国家的援助也主要是为了帮助其实现资本创造的目标。

7.2 税收的作用

对资本积累的重视使人们开始讨论税收在这一过程中可以发挥的作用。在人们看来，税收可以成为政府促进资本积累的潜在工具，从而促进国家经济以更快的速度增长。除了增加财政收入以投资公共物品以外，当时盛行的增长理论提出税收可以在资本积累方面发挥作用。这一理论被包括哈罗德（R. F. Harrod）和多马（E. D. Domar）在内的著名经济学家普及。当然，资本积累可以是公共的或私人的。公共投资可以直接促进资本积累，同时鼓励私人投资，对政府的资本积累进行补充。

增加公共投资的措施如下:(1)提高税收水平,为政府提供更多的可利用资源;(2)减少政府的经常性支出(不包括公共投资的支出),在公共账户中创造盈余。由此产生的公共盈余将用于增加公共投资,建设所需的基础设施,这就是20世纪70年代初著名的马斯格雷夫代表团向哥伦比亚提出的方案。经常账户预算盈余越大,可供融资的资本积累就越多,从而促进经济增长达到预期目标。

当时,人们认为经常性支出(教育和卫生支出)成效不大,且还存在积累公共债务的阻力。一方面,公共债务一旦缺少全球金融市场的支持,就不能为贫穷的发展中国家的政府提供所需的资源。另一方面,国内市场筹措的公共债务也受到了国家低储蓄率的限制。当然,一些国家采用"通货膨胀融资方式"(也就是通过中央银行发行大量货币)筹措财政资金。但这种融资方式极易造成高通货膨胀率和国际收支不平衡的问题。当高通胀发生时,在坦茨效应或奥利维拉—坦茨(Olivera-Tanzi)效应的影响下,税收反而会减少。20世纪70年代,不少拉丁美洲的国家就发生了这种情况(见Tanzi,1978)。

政府可以使用公共支出建设有形基础设施,对国内外投资提供充足的、目标明确的税收激励,以此刺激私人投资。人们非常相信税收激励对私人投资的正面影响。总之,促进增长的措施包括:(1)提高税收水平;(2)颁布有效的税收激励政策,鼓励私人投资;(3)减少政府的经常性支出;(4)利用经常账户的预算盈余建设公共基础设施。

上述措施的重点在于税收政策和税收水平。计量经济学的相关研究统计了许多国家的相关经济数据,试图测算这些国家的税收潜力。所谓税收潜力,也就是某个特定国家的潜在税收水平,也是该国政策制定者力求实现的税收水平。一个国家的税收潜力与实际税收水平之间的差异，可以让我们看到这个国家的税收差距，国家税收政策应着力于消除这一差距。关于相关计量经济学的研究，可参阅 Tanzi（1987）。

部分国家的税收水平低于其税收潜力，这一点遭到了税收专家尤其是国际组织相关代表的批评。有人断言，如果低税收水平的国家能够提高其税收水平，使其达到税收潜力，那么这些国家会拥有足够的财政空间来建设基础设施，刺激经济增长。这一论点引发了人们的讨论：政府应如何提高税收水平、征收哪种税以及建设哪种基础设施。

第二次世界大战后的头几十年，增值税还尚未普及（增值税于 20世纪 50 年代中期首次在法国启用，后陆续被其他国家使用）。而个人所得税在当时发挥着主导作用，一方面，个人所得税为政府提供收入来源；另一方面，个人所得税以公平和累进的方式征收，反映并尊重纳税人支付能力原则。这一原则尽管在后来遭到了质疑，但当时看来没有任何问题。

毫无疑问，那个时代最普遍的税收种类是个人所得税。以美国为首的许多国家把个人所得税看作是最公平的税种。同时，个人所得税也被认为是用公正有效的方式提供国家所需财政空间的理想税种。尤其是在收入不平衡的国家，支付能力大部分集中在高收入群体，因此更加重视个人所得税（见 Tanzi，1966）。许多税收专家都认为，发展中国家应该重点征收个人所得税。同时，对外贸易税却备受税收专家的质疑，他们认为对外贸易税可能造成资源分配不均，从而干扰各国之间的正常贸易。

二战过后的头几十年，进口税一直是（引用马斯格雷夫的说法）政府用以增加公共收入的最主要的"税柄"。对外贸易税也是发展中国家(以及早些年的发达国家)的主要政策工具,通过进口替代战略推进本国工业化进程。而主要依靠出口商品的国家也更偏向于使用对外贸易税来实现本国工业化。当时颇具影响力的阿根廷经济学家劳尔·普雷维什(Raul Prebisch)就十分赞成这一方案。另外引起税收专家关注的税种有财产税,以及许多发展中国家重视的土地所有权税。当然这些税种并不能提供足够的收入。

20世纪50年代和60年代,一些发展中国家尤其是拉丁美洲国家的税务专家提出了税务改革。他们首先推行个人所得税,其次是企业所得税。然而,这些国家的税务改革并没能成功增加税收收入,同时也没有用公平和累进的方式征税。个人所得税并没有达到预期结果。一些国家仍然以农业为主要产业,缺乏大型经济机构,税收制度并不完善,逃税相对容易实现,因此无法通过个人所得税创造所需的财政空间。大多数拉丁美洲和发展中(或不发达)国家的税收都始终保持在低水平。在这种情况下,企业所得税反而更有成效,成为了这些国家的主要收入来源,因为这些国家逐渐重视大型外资公司对本国矿产品的出口。

税收激励作为鼓励私人投资的手段,常常使税收制度更加复杂,甚至导致寻租和贪腐行为的产生。另外,由于种种原因(如对投资项目的错误抉择;对项目收益—成本缺乏良好判断;对建成后的基础设施运营和维护不当;贪腐行为),政府的公共投资并没有达到预期的效果。在很多情况下,边际资本产出率异常偏高,而增长速度始终缓慢。最终,这些国家意识到其税收策略出现了失误。

20世纪60年代,一些发展经济学家,特别是哈佛大学的西蒙·库兹涅茨（Simon Kuznets）开始质疑这种隐性增长模型。正是这种增长模型使政府在政策制定中赋予实际投资主导地位。发展经济学家认为，许多经常性公共支出（如教育和卫生支出）也可以取得和实际投资一样的成效。

此时，"人力资本"成为了经济政策所讨论的话题，并在随后几年里得到了持续关注。而包括道格拉斯·诺思（Douglass North）在内的诸多经济学家开始提醒人们注意这样一个事实：政策只能说明政府的意图，但却需要相关机构加以执行和实施。也就是说，执行机构是将政府意图转换为实际行动的必要工具。如果这些机构效率低下，无法保证和监管政策的实施，那么政府政策只能在理论上有用，并不能产生实际的作用。因此，重点应该从政策（颁布相关法律来达到目的）转移到公共机构的建立以及公共机构（如税务局、预算办公室、财政部、司法系统）的总体质量上。

很多人认为，教育支出不仅对经济增长尤为重要，也可以促进收入分配的公平性。同时，人们也意识到，税收制度并不能降低基尼系数。在那个时代，收入分配成为了人们广泛关注的问题，而基尼系数在以拉丁美洲为代表的发展中国家中仍然很高。不幸的是，即便人们提高了增加教育支出的意识，教育支出也有利于提高许多国家的识字率，但是似乎并不能达到对收入分配和增长的预期目标。提高个人的识字率比提高个人生产率容易得多，这两者并不一定是高度相关的。

另外，人们也意识到了所谓的跨机构外部性（外部效应），也就是说，某一机构（如司法系统）执行力不佳，必然会对其他机构的运作产生负面影响。例如，由于司法系统的运行不良或低效导致逃税者逍遥法外时，税务管理部门的工作效率也会大大降低。

不少国家仍然致力于提高税收制度的效益和效率,使税收制度更加易于管理,促进税收制度的公平性。多年来,部分国家在其他国家的帮助下进行了税收制度改革。这些改革使税收制度取得了某些领域的进展,也同时造成了不太理想的后果。其中一些值得一提。

经济学家对税收中性和效率的重视导致:

(1) 对外贸易税的重要性逐步降低。

(2) 越来越依赖基础广泛的销售税,尤其是 20 世纪 70 年代以来,增值税逐步在许多非洲和拉丁美洲国家实行。近几十年来,增值税成为了全球重要的收入来源。

(3) 取消了许多消费税和妨害税,其中包括对奢侈品或"非必需"产品所征收的税。同时,重视对少数产品征收消费税,这些产品包括可能造成消极外部效应的产品,或者是符合受益课税原则的产品。比如,对石油所征的税可以用于修建和维护公共道路(以及减少污染)。目前的消费税主要是针对烟草产品、汽油、汽车、酒精饮料以及软饮料(软饮料中的糖分可能导致肥胖类疾病,同时软饮料会产生塑料瓶垃圾)。目前的消费税旨在减少商品的负面外部性,或者符合受益课税原则,因此更多地证明了当前税收制度具有合理性。

上述税收结构的变化是合理的,因为它们使税收制度更有效率。然而,一些税收改革引起的变化(如取消奢侈品和非必需进口商品的消费税)也可能使税收制度的累进性降低,同时,尽管个人所得税能够促进税收制度公平性,但其作用仍然很有限甚至是边缘化的。

近几十年来,计算机的普及使税务部门更容易存储和检索纳税人信息,大大简化了税收管理部门的工作,提高了税务管理的效率,也推进了税收管理的改革。比如,某些税务部门不再像过去一样按照税收种类进行分类,而是按照其职能进行重组。另外,税务机关拥有了更多独立性,而不像过去会因政治因素影响其客观性和运行效率。此外,一些直接的激励措施使得税务部门的运作更加有效。例如一些机构(如秘鲁税务局 Sunat)允许税务局使用征收的额外税收收入,向表现良好的员工提供奖金或其他福利。

毫无疑问,一些国家税务管理部门比过去几十年更有效率。在阿根廷和巴西等国家,税务管理部门的效率得到了大大提升。这一点从增值税管理方面就可以看出。尽管有一定难度,但不少国家税务管理部门都对增值税进行了有效管理。

近几十年来,全球化缩小了许多国家政府的财政空间,同时使政府难以对资本收入进行征税,因此减少了税收制度的累进性。可以说,全球化通过其对税收制度的影响,加剧了收入分配日益不均的现象,这在许多国家,无论是发达国家还是发展中国家都是如此。而全球化导致各国的财政空间缩小,使政府无法使用更多公共支出推行收入再分配政策。

上述情况发展在一定程度上加大了政府扩大财政空间的难度,导致政府无法有效推行相关经济政策,以推动国家经济的发展。例如,根据 OECD 在 2012 年所提供的数据称,拉丁美洲的税收收入从 1990 年约占 GDP 的 14% 上升到近年来的 19% 左右。税收的增加主要依靠增值税,其次是企业所得税,个人所得税的贡献仍然不大。在一些国家(如阿根廷、巴西、哥伦比亚、厄瓜多尔、巴拉圭、秘鲁和乌拉圭),税收水平的提高较为明显。但目前只有阿根廷、巴西和乌拉圭的税收水平超过了 GDP 的 25%。OECD 成员国和欧洲国家的税收水平在 20 世纪 70 年代和 80 年代快速增长,在 90 年代减缓,在 21 世纪已停止增长甚至有所下降。

在大多数发展中国家,个人所得税带来的税收收入跟过去相比并没有太大改变,而大部分税收收入是由增值税(取代进口税和部分销售税)、对企业征收较高的所得税以及部分消费税带来的。2010年,拉丁美洲国家的个人所得税仅占GDP的1.4%(见Gomez et al.,2013)。如前文所述,多年来实行的改革可能降低了税收制度的累进性。

7.3 税收和公共支出

自联合国成立以来,税收一直成为人们关注的焦点,然而到了20世纪70年代,人们开始将重点放在预算支出方面。而预算支出的方向也从基础设施建设转移到社会经常性支出上,特别是教育、福利、扶持贫困家庭和儿童教育等社会计划。经济学家和政策制定者认为,社会支出也可以像有形公共投资一样,达到促进经济增长的效果,同时解决国家的贫困问题。在那个时代,"人力资源"这一概念开始登上经济发展策略的舞台中央。与此同时,通过"公私合作",有形基础设施的建设不再仅仅是政府的职责,而是可以由私人进行建设(见Tanzi,2005)。在智利等国家,许多公共养老金和学校也开始实现私有化。

相较于有形的公共投资,教育、公共卫生、公共养老金等社会计划所需要的公共财政经费更加庞大,因此政府需要更多的税收收入。第二次世界大战后,一些发达国家引进公共福利体系,形成了福利国家(为上述社会计划提供公共资金)。这些国家被迫提高税收水平,部分国家的税收甚至超过了GDP的40%。然而,高税收水平并不足以维持公共开支,一些国家被迫积累了巨额公共债务,造成了许多宏观经济问题(见 Tanzi,2013)。

发展中国家不太可能将税收水平提高到 GDP 的 40%,甚至无法接近这一水平。阿根廷和巴西曾试图克服重重困难达到这一目的,但所征收的税收却存在大量问题。然而,这些发展中国家可以尝试提高税收收入,同时也提高税收制度的累进性。一些发展中国家(特别是阿根廷和巴西)虽然增加了税收负担,但却未能提高税收的累进性和效率。

因此,政府在大幅提高税收水平时,需要考虑到一些重要的因素。尽管我要提到的这些因素是显而易见的,但却往往被决策者遗忘或忽视。

首先要考虑的是,如果一个国家的税收制度缺乏累进性,政府采用大致的统一税率对公民进行征税,同时又存在间接税(在发展中国家较为常见,偶尔发生在发达国家),当政府增加税收时,低收入群体(阶层)所面临的增税比例和高收入群体是一样的,虽然他们实际所缴纳的税收在数量上远远低于高收入群体,但因为他们收入低,甚至仅仅能够维持最低生活水平,增税对他们的负面影响却更大。也就是说,在其他条件相同的情况下,增税会使穷人更穷。因此,必须坚持一个原则,即政府应用额外的税收收入对低收入阶层所增加的那部分税收进行补偿。这意味着额外支出(由增加的税收提供的资金)必须比增税更具有累进性。如果税收制度具有累进性,且高收入群体缴纳更多税收时,则无需考虑这一点。基本原则是:税收制度越不具有累进性,一个国家的收入分配就会越不平衡,那么增税则是越不可取的(除非仅针对富人增税)。

第二个需要考虑的因素是,政府应该如何运用增加的税收收入。任何国家的政府都需要基本税收水平,以保障国家履行最基本的职能(如保护公民、基本防御、司法、基本基础设施、基本行政服务等)。这些都是一个国家必须具有的职能。但是,基本税收水平很难统一界定,因为它取决于许多因素,如国防开支的需要、公共资源的使用效率以及人口的规模和密度。因此,每个国家的基本支出也有所差异,而这一基本支出并不需要额外的税收收入。

回头看看,即便是在瑞典和美国这样的发达国家,税收水平在1929年也仅仅占 GDP 的 10%,在 1940 年才上升到 15%。今天政府应该发挥的职能与八九十年前不可同日而语,因此城市化水平越高的国家需要越高的税收水平。如果一个国家的税收水平太低,即使政府尽最大努力,也可能无法满足国家履行最基本的职能以及提供最基本的服务。在这种情况下,政府应大力提高本国税收水平,无论税收制度的累进性如何,也无论需要的额外税收所造成的负担以何种方式分配。

第三个需要考虑的因素是,提高税收水平和税率必然对个人和家庭的工作积极性造成影响,以及对一般的经济活动造成负面影响。有人认为这一因素不需要考虑,因为它很难在实证研究中得到证实,但他们却忽略了这一因素可能造成的实际影响。除此之外,我们应该注意到,税收收入从公民转移到政府手中的过程,以及政府使用这部分税收收入的过程,都绝不是一场零和博弈(指一方的损失必然意味着另一方的收益)。在征税过程中,税收管理必然造成管理成本,纳税人必然支付遵从成本,而在使用税收过程中,国家经济必然面临福利成本,也就是说整个过程中必然存在损失。换言之,政府获得的净收入总是低于征税和纳税的总成本。

上述因素引出了我们需要考虑的第四个问题，即政府如何有效利用税收。税收制度是否具有有效的结构；税收管理能否发挥有效的职能；税收制度是否是累进的，使高收入群体能够贡献较多的税收收入；政府是否有效、公平地使用税收收入来支持具有较高社会经济价值的活动。如果政府能够达到上述要求，那么无论何种税收水平都可被认为是合理的。

根据前文的阐述，低水平的税收是低效的，政府为履行其职能必然要求提高税收收入，因此需要对税收制度进行改革，这是合理的。部分国家存在类似情况。然而，还有一个观点是，只有当一国的税收水平相对较低或低于其他国家时才能够增加税收。在决定一个国家是否应该实施增税政策时，需要对相关政策隐性和显性的成本效益进行评估。税收制度的改革，尤其是当它旨在提高税收水平时，必须具有充分的理由才能进行。

政府可能因为支出政策存在诸多方面的缺陷，从而无法有效利用税收资源。增税往往出于好的目的，而政府代表也会宣扬增税的好处，但却不能详细说明增加的税收会如何给公民创造福利，因此所谓的增税的好处并不能成为实行增税政策的依据。在某些国家，公共支出利用率低下已经到了令人担忧的地步。在这种情况下，多征税多支出的政策并没有为民众带来净利益，反而造成了负面的影响。

我在这里无法完整列出公共支出所面临的种种问题。诸如效率低下、支出计划所针对的目标不合理、寻租、腐败造成的信息泄露等问题屡见不鲜。不幸的是，这些问题都不是虚构的，而是实实在在发生在许多国家，并滋生了一大批吞噬国家税收制度的白蚁（termites of the state)。可悲的是,某些国家的增税政策并没有带来多少真正的好处。

人们常常认为,用于教育、公共卫生和其他扶持计划的支出,都会直接或间接地为低收入阶层带来福利。这种说法其实是无法立足的。从表面上看,能源消费补贴、基础教育和卫生支出等公共支出(包括税收支出)对穷人有利,但这些公共资金通过审查和评估,最终可能并没有为穷人谋得任何福利,反而给提供上述服务的群体(即高收入群体)比接受服务的人带来更多好处。

提供公共服务的群体(学校管理人员、教师、护士、医生)可以通过各种方式占据本应完全服务于穷人的公共支出(见 Tanzi,1974,2008)。而大部分实证研究却夸大了公共支出对造福低收入群体、缩小收入分配差距所起到的作用。

包括拉丁美洲国家在内的发展中国家通过比例税而不是累进税进行征税,即使并非完全不能带来净收益,但此时政府的公共开支政策能给穷人带来的净收益也可能会大大减少,只有当政府的扶贫方案目标明确,执行效率高,同时依靠累进税获取资金支持时,公共支出才能真正造福穷人。据报道,拉丁美洲国家正采取计划朝这一方向发展。

7.4　结　论

现代政府比过去更需要税收收入来提供现代社会期望的福利和公共服务。因此,政府往往需要提高税率和税收水平。发展中国家的政府尤其重视提高税收,并声称将增加的税收用于提供社会服务,造福低收入群体。

　　而各个国家,尤其是发展中国家的收入分配日益不平衡,这一现象为增税提供了合理的理由。一些观察人士称,只要税收收入是用于社会事业,征税方式则变得无关紧要。鉴于这种偏见,质疑增税和增加社会服务支出在政治上似乎不正确。如果税收政策能够保证政府有效、累进地征税,而增加的税收能够真正造福于需要的人,不会造成资源依赖和贫困陷阱的困局,那么我也不会对增税有任何异议。但不幸的是,大部分增税并不能带来预期的结果。

　　由于上述各种潜在问题,在通过税收改革提高各国的税收水平以创造额外的"财政空间"之前,政府应重视以下两点:第一,对于如何利用财政空间以及分配额外的税收负担,必须要有清楚和准确的认识;第二,必须建立公共机构,保证税收政策和支出政策的有效执行。

　　有时,仅仅因为一个国家的税收水平相对较低,或者低于其他国家,就急于通过税收改革来提高税收水平,这并不可取。人们总是认为,如果政府的收入更多,就能够解决更多问题。但是在提高税收收入的同时,应该及时考虑如何使用增收的税收收入。税收决策和支出决策必须保持同步。在许多情况下,比起(由更多开支带来的)未来的收益,增税的成本往往更显而易见。

参考文献

Gomez Sabaini, Juan Carlos, and Dalmiro Moran, 2013, "Politica tributaria en America Latina: Agenda para una segunda generacion de reformas"(mimeo).

Keynes, John Maynard, [1930] 1933, "Economic Possibilities for our Grandchildren", in *Essays in Persuasion*(London: Macmillan and Co., Limited, pp.358—373).

OECD, 2012, *Revenue Statistics in Latin America*, *1990—2010*(Paris: OECD).

Tanzi, Vito, 1966, "Personal Income Taxation in Latin America: Obstacles and Possibilities", *National Tax Journal*, vol.19, no.22, pp.156—162.

Tanzi, Vito, 1974, "Redistributing Income through the Budget in Latin America", *Banca Nazionale del Lavoro Quarterly Review*, vol.25, March, pp.65—87.

Tanzi, Vito, 1978, "Inflation, Real Tax Revenue, and the Case for Inflationary Finance: Theory with an Application to Argentina", *IMF Staff Papers*, vol.25, no.3(July), pp.417—451.

Tanzi, Vito, 1987, "Quantitative Characteristics of the Tax Systems of Developing Countries", in David Newbery and Nicholas Stern, editors, *The Theory of Taxation for Developing Countries*(New York: Oxford University Press, pp.205—241).

Tanzi, Vito, 2005, "Building Regional Infrastructure in Latin America", INTAL-ITD, Working Paper-SITI-10.

Tanzi, Vito, 2008, "The Role of the State and Public Finance in the Next Generation", *OECD Journal of Budgeting*, vol.8, no.2(June), pp.1—27.

Tanzi, Vito, 2013, *Dollars, Euros, and Debts: How We Got into the Fiscal Crisis, and How We Get Our of It*(London and New York: Palgrave Macmillan).

为什么发展中国家税收水平低

8.1 引 言

目前已有大量文献探讨发展中国家的税收问题。这些文献的焦点在于发展中国家在提高税收时所面临的困难,尤其是当发展中国家试图将税收水平提高至发达国家税收水平时所遇到的难题。现有的统计数据表明,尽管发展中国家一直致力于提高税收水平,也得到了国际组织和其他方面专家的援助,但发展中国家的平均税收总收入占 GDP 的比例约为发达国家的一半。

经济学家和政治学家常将一个国家的税收水平定义为该国公民为购买政府提供的公共物品和社会服务所支付或愿意支付的价格。这一定义不禁让我们想到一个问题:大部分产品的价格都受到供求关系的影响,那么公民为税收所支付的价格是否同样取决于税收的供求关系呢?本章将阐述不同国家影响税收供给和需求的种种因素,这两类因素都对特定国家的税收水平起到一定的决定性作用。同时,本章也将探讨影响税收占 GDP 比例的其他因素,这些因素无法被归类到供给和需求因素之中,我将这类因素称为治理因素。

不过在讨论决定发达国家和发展中国家税收水平的因素之前,我认为有必要提到的一点是,发达国家的税收水平也并不总是很高。就在几十年前,发达国家的税收水平与现在发展中国家的税收水平大体一致。比如,前一章就提到,1930 年前,美国政府的一般税收水平(包括联邦和地方税收)仅为 GDP 的 10% 左右,当时,联邦政府所征收的税收仅占 GDP 的 3% 左右。而在瑞典这个被认为是最完善的福利国家,尽管现在的税收水平已接近 GDP 的 50%,但在 1940 年,其税收水平仅为 GDP 的 15% 左右。20 世纪 60 年代以前,巴西的税收水平仅占 GDP 的 15% 左右,而前些年阿根廷的税收水平还不到 GDP 的 20%。但如今,这两个国家的税收水平都已接近发达国家的平均水平,约占 GDP 的 35%。

供给和需求因素在提高这些国家税收水平方面扮演了重要的角色。接下来我将对此进行分析。首先我们来看看影响税收需求的因素。

8.2 税收需求

税收的需求可能会受到意识形态和政治因素的影响,偶尔也会受到战争或自然灾害等临时因素的影响。这些因素包括(1)对于市场和政府在经济方面应发挥怎样的作用的主流观点;(2)国家内部的政治权力分配;(3)收入和财富的分配(可能对政治权力分配产生影响);(4)公民对政府能否有效利用税收的看法(可能会影响公民纳税的意愿)。

长期以来,大多数主流经济学家和政治领导人都深信,政府在利用公共资源和制定经济决策这两个方面的作用不如市场作用有效。由于从前各国政府官僚机构规模小,人员培训不足,再加上当时的意识形态,人们普遍认为,政府无法利用好超过基本公共服务所需要范围的其他资源。

这种观点与当时盛行的自由放任主义思想相一致,反映了一种经济思维,这种思维通常归因于亚当·斯密的思想,即有一只"看不见的手"在起作用。如果任由市场自主支配,市场在分配资源和促进公共福利方面会比政府做得更好。正如亚当·斯密所说,个人追求自身利益,最终将有益于整个社会利益。

一个国家内部的收入和政治权力的分配在决定税收需求方面会起到重要作用,因为政府只会使用少部分公共支出(可能不高于 GDP 的10%)用于提供造福全体公民的基本公共物品,除此之外大部分公共支出都会用于收入再分配,而这部分支出针对的是特殊群体。换言之,这部分公共支出由大多数纳税人(通过税收)支付,但却只会惠及部分群体,支付税收的群体不一定能享受到税收带来的好处。这意味着不同收入水平的个人和组织会受到政府不一样的待遇。有部分群体会获益,但也有部分群体会蒙受损失。因此,遭受损失的个体和组织可能不愿意支付高税收。

上述情况意味着,国家越民主化,就会有越多的公民拥有投票权

（同时也更加了解税收和公共支出的收益和成本在各个群体中的发生率）。此时，拥有投票权的公民会对公共支出提出更高的要求，因此，如果他们认为税收对自身有利，则必然要求政府增加税收。多年来，随着越来越多的人文化素质的提高和选举权的扩大，事实上许多国家，尤其是发达国家的公民希望政府增加税收收入，以加大投入到社会计划的公共支出。

另外，诸如 20 世纪 30 年代的大萧条和第二次世界大战等偶然事件也使提高税收成为人们的必然需求。这些偶然事件不但催生了一批训练有素的公务员，同时也使人们对在当时几乎是宗教信仰一般的自由放任主义思想以及市场这一"看不见的手"的作用产生了质疑。对市场作用的不信任，收入和财富分配不均，以及几个主要国家的民主化进程，使人们产生了新政府计划和提高税收的需求。

上述因素是提高税收的需求产生的主要原因。然而，通常情况下，对商品或服务有更大需求不一定促进更多该商品或服务的产生。供给因素也可能在其中发挥一定的作用。在下一节中，我将着重探讨影响税收需求的供给因素。总的来说，供给因素对发达国家（虽然不是全部）提高税收方面所发挥的作用远远大于许多发展中国家。当然，最近几年来，部分国家的相关情况可能发生了变化。

部分经济学文献将提高税收的需求与公民纳税和遵守税法的意愿以及政府所采纳的纳税方式联系起来。如果一个政府无法有效使用公共资源，甚至被视为是腐败的，那么该国公民不太可能满足政府想要提高税收的政治要求，也不会更好地遵守现行税法。因此，税收的需求和供给都将减少。不幸的是，由于种种原因，部分国家政府在有效而公平地利用其现有资源方面不如其他国家。

总体来说，发达国家比发展中国家的政府更能有效利用政府资源。而透明国际（Transparency International）和世界银行等组织机构称，腐败现象在发展中国家更为普遍。当然，这一结论不一定适用于特定国家。

8.3 供给因素

除开一个国家政府提高税收的需求，以及公民遵守税法的意愿，政府在大幅度提高现有税收水平方面可能会遇到一些客观困难。税收供给方关注的是政府提高税收占 GDP 比例的能力，因为在这一过程中必然存在许多实际障碍限制了政府提高税收比例的能力。在前文中，我也提及了其中的一些相关因素。

在本节中，我会详细阐述处于不同经济发展阶段的国家在提高税收方面可能面临的困难。这些困难包括以下因素：(1)特定时期的税收技术；(2)国家经济结构；(3)城市化程度；(4)自然资源在一国出口中所占的比例。全球化和去中心化等因素也会在之后的章节中有所探讨。紧接着我会讨论治理因素，也就是不完全符合需求和供给因素的其他因素。这些因素也可能影响到税收占 GDP 的比例。治理因素包括：(1)税务管理的质量；(2)政治和行政腐败；(3)受全球化影响的税法条例。

从某种程度上来说，要控制上述因素对税收的影响，则需要一个高效、果断且乐施仁政的政府。但是，并不是所有政府都办事高效且乐施仁政，而一些政府并不愿意，或者说没有决心或能力来改变上述因素对税收的影响。而应对全球化还需要与其他国家的通力合作。

首先我要探讨的是税收技术。正如在其他领域一样,税收领域也出现了技术进步。随着新税收的出现和引入,现有的税收也面临着改变和进步,新的税收管理工具应运而生,例如使用计算机来存储和检索纳税人信息或与其他国家交换信息,以及新的组织工具的产生。

从不同来源(OECD、国际货币基金组织、世界银行等机构)获得的关于各国税收的统计数字表明,在过去,比如在第一次世界大战之前,大多数税收收入来源于对外贸易税、不动产税、对各种经济活动征收的推定课税或税收罚款、对特定产品征收的消费税和"小额消费品"税。而近几十年来,新增的税收来源为两个相对较新的税种:所得税和一般销售税(特别是增值税)。这两种税种被称为是现代税制的"驮马"。

要达到提高税收占 GDP 的目标,一些国家并不重视甚至无视其他税种(尽管一些国家的税种达到数百种)。一个普遍的结论是,虽然部分经济学家仍然持续关注其他税收,如财富税或不动产税(见 Piketty,2014;Corbacho,Fretes Cibilis,2013),但在希望大幅提高税收收入占GDP 比例的国家中,所得税和增值税仍然是最主要的收入来源。不幸的是,并非所有国家都拥有征收所得税和增值税的客观条件。

我们来回顾一下所得税的历史背景。所得税在 19 世纪是非常罕见的,美国在内战期间曾短暂使用过所得税,但直到1913 年才正式实行该项税收。在第 1 章我也提到过,在所得税正式开始实行时,不少经济学家,包括哥伦比亚大学公共财政的著名教授埃德温·塞利格曼(Edwin Seligman),认为所得税的征税困难重重,不可能在实践中得以运用(见 Seligman,1908)。而在英国,拿破仑战争期间对部分富人征收所得税,以支付战争经费。但在拿破仑战败后,这项税收即被废除,英国政府也随即销毁了纳税记录，防止未来的英国政府再次实行该项税收。

20 世纪下半叶，所得税成为发达国家税收领域最重要的技术进步。目前发达国家从这项税收中获得的收入比任何其他税收都要多。发生这一改变的原因是，发达国家经济结构的变化使所得税成为了能够向更广泛的群体进行征税的一种税种。然而，所得税在发展中国家并未得到重视，部分原因可能是这些国家不具备向更广泛群体进行征税的经济条件。

接下来我们来看看增值税。增值税是一项最近的技术发现。20 世纪 50 年代，法国税务局局长莫里斯·劳雷（Maurice Lauré）在法国首次引入了这一税种。当然，不少人对这一税种持有怀疑态度，特别是美国税务专家曾质疑，这一税种是否能在实践中发挥作用。然而，增值税达到了超出预期的效果，特别是在发展中国家。在法国开征增值税之后的几年里，这一税种首先被引入到欧盟最早的成员国，随后被法国在非洲的殖民地引入。20 世纪 70 年代，这一税种横渡大西洋，到达了部分拉丁美洲国家（最初是乌拉圭和巴西）。近年来，增值税已成为一种普遍的税收种类。

增值税已被证明是包括发展中国家在内的各国税收库中一项非常重要的技术发展。但具有讽刺意味的是，美国是目前唯一一个没有增值税的 OECD 国家。这在很大程度上解释了为什么美国的税收水平落后于其他发达国家。只要增值税的征收基数广、税率高，在提高发展中国家的公共收入方面，增值税远比所得税更能发挥作用。增值税使许多国家（特别是拉丁美洲国家）大幅提高税收水平的目标成为可能。目前一些发展中国家所征收的增值税占 GDP 的近 10%，而玻利维亚、厄瓜多尔和秘鲁等国家的税收管理可能很薄弱,但只要其增值税的征收基础广、税率高,就仍然能够提高增值税占 GDP 的比例。

决定税收占 GDP 比例的另一个重要因素是一个国家的经济结构,即一个国家的总产量是如何在诸如工业、农业、服务业、金融业、矿产业和商品业等各个部门之间进行分配的。而这一结构性因素在税收文献中通常很少引起关注(有两个例外,见 Tanzi,1992,2014b)。

所得税和增值税都是依赖现代会计的税种。它们不能像财产税等税种(如房产税)一样,建立在推定和估算的基础上。只有当一个国家的经济以大型企业为特征时——大型企业指的是雇用数千人、向工人支付的工资占国家总收入的相当一部分并作为该国总生产和销售的主力军——所得税和增值税才更容易进行计算。通常,大型企业都会使用现代会计。

如果一个国家的生产力主要集中在小型经济活动,特别是服务性经济活动时,政府很难通过所得税和增值税提高税收收入。也就是说,当一个国家主要依靠传统和乡村经济活动,经济活动并不规范,大型企业被小型生产单位所取代,有形产品被服务型以及无形的虚拟产品所取代时,所得税和增值税的征收则会面临重重困难。

一个国家的工业化进程必然创造一批大型企业,将该国的生产和收入集中在少数企业。而当少数大型企业生产大量有形消费品、支付大部分工资、股息和利息收入时,则创造了有利于所得税和增值税的征收条件。

增值税和所得税就是在新兴发达国家工业化进程中产生的。不得不说,工业化进程大大增加了工人的工资在国民收入中所占的比例。部分发达国家所支付的工资达到了国民收入的 70% 左右。那么,企业

通过对工资的代扣代缴,有利于政府提高税收占 GDP 的比例,满足了
福利国家提高税收收入的需求。当然,近几十年来,全球化进程加大
了提高税收的难度,给许多政府征税造成了越来越大的困难。

一些实证文献研究了城市化在税收中所发挥的重要作用。种种因
素说明,城市化程度越高的国家征收的税收收入越多。但目前无法界
定城市化因素属于需求因素还是供给因素。一方面,城市化程度越高
的国家需要更多的政府服务,以应对城市环境中难以忽略的外部效应
和社会需求。另一方面,城市化程度越高,政府征税就越容易。

另外一些实证文献(特别是 20 世纪七八十年代)将发展中国家的
税收水平与该国矿物产品出口联系起来(见 Chelliah, Baas and Kelly,
1975)。这些研究所作的假设是,矿物产品的出口为发展中国家(特别
是较贫穷的发展中国家)提供了一个容易征税的"税柄",因为矿物产
品出口的出发地点通常是容易控制的(如港口、机场等),而出口商品
的价格也是透明的。

最近几年的研究文献则更加重视治理因素,特别是在一些较贫穷
国家出现的与矿产出口有关的治理问题。治理因素涉及高层的政治腐
败行为,腐败通常导致政府从某一税源获得的税收大大减少。另外,
治理因素还涉及职权滥用的问题(包括政府官员和国外公司勾结)。
这一问题受到了广泛关注,尤其是在一些非洲国家(见 Henry, 2016;
Zucman,2015)。

8.4 治理因素

还有一部分因素会对一个国家的税收水平产生影响,但这些因素

往往涉及需求和供给因素两个方面，很难将其归结于其中某一方面，因此我将这些因素归类于治理因素，在某种程度上这些因素与各国的治理问题息息相关。

第一个治理因素是税务管理部门的能力、诚信以及效率因素。各个国家的税收经验表明，某些国家的税务部门比其他国家具有更强的工作能力。这其中的原因相当复杂，包括了各个国家的传统、制度文化、组织形式、工资水平、所提供的资源、激励政策、选择劳动力的方式、对税务部门日常活动的政治干预以及行政腐败行为。不管起主导作用的原因是哪一个，最终的结果是，由于税法和其他客观因素，一些国家税务部门的效率高于其他国家。某些国家甚至被迫推翻原有税务部门，从而设立全新的税务部门（见 Tanzi，2010）。这一因素虽然可以看作是一个供给因素，但也可能与政府对提高税收的重视程度息息相关。

第二个治理因素是政治腐败，这里我所指的不是行政层面的腐败，而是政府高层的腐败行为。政治腐败行为引起了人们的广泛关注，尤其是涉及矿产资源出口和对外企的（有时是秘密的）税收优惠方面存在的腐败行为。某些国家的高层政要与国外企业秘密签订协议，原本的部分国家税收就会流入其在"避税天堂"开设的私人银行账户中。

最后要谈到的治理因素则是全球化因素的影响及其弊端。全球化在减少税收上所起到的作用较为复杂，读者可参考相关文献。后面的章节也将再次讨论这个因素。

全球化使资本和劳动力更具有流动性，同时也为多国贸易活动奠定了基础，使得许多国家只能选择降低资本收入的税率，或对国内外投资提供宽松的税收优惠政策。在发展中国家，资本收入在国民收入中所占的比例通常比发达国家高得多,因此,全球化使发展中国家税收占GDP 的比例较发达国家降低幅度更大(见 Tanzi,2013,2014a)。

8.5 结 论

本章讨论了为什么发展中国家的平均税收水平仍然只有富裕国家的一半左右的原因。显然,我们所说的税收生态在其中起着重要作用。本章借鉴了现有的一些文献,列举了发展中国家政府对税收需求减少的因素,另外也谈到了一些客观或供给方面的因素,正是这些因素使发展中国家难以提高税率。

参考文献

Chelliah, Raja J. Hessel J. Baas, and Margaret R. Kelly, 1975, "Tax Ratios and Tax Effort in Developing Countries, 1969—1971", *IMF Staff Papers*, vol.22, no.1(March), pp.187—205.

Corbacho, Ana and Vicente Fretes Cibilis, editors, 2013 *More Than Revenue: Taxation as a Development Tool*(New York: Palgrave MacMillan).

Henry, James S., 2016, "Let's Tax Anonymous Wealth! A Modest Proposal to Reduce Inequality, Attack Organized Crime, Aid Developing Countries, and Raise Badly Needed Revenue from the World's Wealthiest Tax Dodgers, Kleptocrats, and Felons", in Thomas Pogge and Krishen Mehta, editors, *Global Tax Fairness*(Oxford: Oxford University Press, pp.31—95).

Piketty, Thomas, 2014, *Capital in the Twenty-First Century*(Cambridge, MA: Harvard University Press).

Seligman, Edwin R., 1908, *Progressive Taxation in Theory and in Practice*, Second Edition (Princeton, NJ: Princeton University Press).

Tanzi, Vito, 1992, "Structural Factors and Tax Revenue in Developing Countries: A Decade of Evidence"(with comments by Nicholas Stern), in Ian Goldin and Alan Winters, editors, *Open Economies: Structural Adjustment and Agriculture*(Cambridge: Cambridge University Press, pp.267—289).

Tanzi, Vito, 2010, *The Charm of Latin America*(New York: iUniverse).

Tanzi, Vito, 2013, "Tax Reform in Latin America: A Long-Term Assessment", *Woodrow*

Wilson Center Update on the Americas，May 2013.

Tanzi，Vito，2014a，"Globalization and Taxation：A Brief Historical Survey"，*Rivista di Diritto Finanziario e Scienza delle Finanze*，vol. LXXIII，no. 1（March），pp. 3—20.

Tanzi，Vito，2014b，"The Challenges of Taxing the Big"，*Revista de Economia Mundial*，no. 37，pp. 23—40.

Zucman，Gabriel，2015，*The Hidden Wealth of Nations*（Chicago：University of Chicago Press）.

拉丁美洲的税收改革：
一个长期的评估过程

9.1 引　言

拉丁美洲的税收是我职业生涯中持续关注的一个话题。我对拉丁美洲税收有着长达半个世纪的研究。在这50年里，我参加了拉丁美洲的各种税收会议，研究对象涵盖了拉丁美洲大大小小各个国家，大国包括阿根廷、巴西和墨西哥，小国包括哥伦比亚、哥斯达黎加、厄瓜多尔、海地、秘鲁和牙买加。过去的研究经历足以证明，我对拉丁美洲税收的关注和了解并不是停留在浅尝辄止的层面上。

在本章中，我将重点讨论三个较为宽泛的问题。第一,近几十年来,拉美国家的税收制度是否发生了重大变化,朝着理想的方向发展?第二,拉丁美洲国家的税收制度是否朝着更具累进性的方向发展?第三,作为长期改革目标的个人所得税的目前情况又如何?

9.2 税收改革的长期变化

各国税收制度的变化可能对税收水平(用税收占 GDP 的比例来衡量)或税收结构(反映不同主要税种的收入构成)具有重大意义。半个多世纪前,肯尼迪政府发起了《埃斯特角宣言》(Declaration of Punta del Este),其最初目的在于建立所谓的进步联盟。该宣言所提倡的重要目标之一为:"对拥有更多资源的群体提出更高要求,从而改革[拉丁美洲国家]的税法"。从具体层面上来说,该宣言指出有必要促进"税制改革,包括公平而充分地对收入进行征税"。

20 世纪 60 年代初,进步联盟在华盛顿成立了一个名为"联合税收方案"的办公室,负责按照《埃斯特角宣言》的建议,促进拉丁美洲国家的税收改革。联合税收方案由联合国、美洲开发银行和美洲国家组织在美国的协助下共同资助和监督,其第一任主任[阿尔瓦罗·马加尼亚(Álvaro Magaña)]随后成为萨尔瓦多总统。后来该办公室的负责人来自阿根廷和巴西这两个国家。十多年来,联合税收方案成为拉丁美洲税收改革的主要推动力量,直到美国政府换届才使美国降低了对联合税收方案的重视程度,并减少了对其的资助。联合税收方案的执行主要依靠拉丁美洲、美国和欧洲的杰出税务专家,其执行原则在于提高拉丁美洲的税收水平,同时使税收制度更加具有累进性。

税收水平、所得税收入和税收激励政策是影响税收改革,从而影响经济增长按既定方向发展的主要变量。我们应该记得,在哈罗德、多马以及索洛的增长模式盛行的时期,所提倡的模式是将投资(包括公共和私人投资)占 GDP 的比例作为推动经济增长的主要因素。人们认为,政府有义务通过扩大公共投资(通过提高税收水平以及维持较低水平的公共支出)和私人投资(通过税收激励政策和完善公共基础设施)来促进经济增长。

由于拉丁美洲国家普遍存在收入分配不均的问题,因此若需提高税收水平,则需要针对"收入较高的群体"。这就意味着大部分潜在的应税能力集中在收入较高的群体,特别是前 5% 的高收入群体(统计证据可参阅坦茨在 1966 年和 1974 年发表的文章)。从那之后,大多数拉丁美洲国家的基尼系数没有显著变化且始终维持在较高水平。拉丁美洲国家的基尼系数普遍高于世界上大多数其他地区。

20 世纪 60 年代初,个人所得税在许多国家广泛实行。对美国民众的调查显示,个人所得税被认为是"最公平的税种"。而当时的个人所得税也具有高度的累进性。个人所得税税收在各国税收总额中占有很大比例,美国和大多数欧洲国家都是如此。这一趋势不可避免地影响了联合税收方案的决策。通过 20 世纪 60 年代向拉丁美洲国家派遣的技术援助团,以及各种重要税收会议、出版书籍和报告等其他活动,联合税收方案试图效仿美国,在拉丁美洲开征"个人所得税"和"企业所得税"。

然而,拉丁美洲所得税的发展仍然受限,主要原因是拉丁美洲的税收生态以及高收入群体对所得税持反对态度。富人具有更大的政治权力,而拉丁美洲的经济结构特点也使个人所得税难以实行。

20世纪70年代末及接下来的几年间,随着联合税收方案的失败,学术界的氛围也随之改变。税收改革,尤其是旨在让税收制度更具有累进性的税制改革,难以引起税收专家的重视。税收改革的目标从公平转向了稳定和增长。对各国"税收负担"的研究虽在早些年很流行,但现在已经没有专家学者对其进行研究了。

那么我们将重点从20世纪60年代转移到现在,看看现阶段税收水平和税收结构又面临怎样的情况。

9.3 税收水平的改变

近段时期的各种研究文献,特别是戈麦斯·萨巴依尼(J.C. Gómez Sabaini)和希梅内斯(J.P. Jiménez)在联合国拉丁美洲和加勒比经济委员会(CEPAL,2011)上筹备的一份说明性文献,提供了近年来关于拉丁美洲国家的税收水平(税收占GDP比例)和税收结构的诸多数据信息。这是我接下来探讨的重点。

萨巴依尼和希梅内斯在文章中提到:"税收负担已大幅度增加"。但他们又补充道:"虽然巴西和阿根廷等国家目前的税收负担超过了GDP的30%,但厄瓜多尔、危地马拉和巴拉圭等其他国家的税收负担不超过GDP的14%。"(2011,p.11)正是由于厄瓜多尔等国家的低税负可能拉低拉美国家的平均税负,不少税收专家对拉美国家在提高税负方面取得的进展感到担忧。

但是在我看来,这些专家的担忧并不完全合理,原因如下:

第一,近些年来,部分拉丁美洲国家的税收负担占其 GDP 的比例相比过去大幅度提高,甚至高于 20 世纪 30 年代大萧条时期和二战时期的部分发达国家。第 7 章中也提到了,1920 年,美国联邦政府的税收负担仅仅为 GDP 的 10% 左右,其中大部分税收甚至是各州政府征收的。1940 年,瑞典的税收负担只有 GDP 的 15% 左右。1960 年,西班牙、瑞士、葡萄牙和日本的税收负担甚至不到 GDP 的 20%(见Tanzi,2011)。

第二,当前,巴西和阿根廷的税负明显高于美国,而在美国,仍有很大一部分公民,特别是富人,抱怨他们预设的高税负。在美国,高收入免征额和扣除额限制了低收入群体缴纳的所得税,再加上美国不实行增值税,导致低收入群体对总纳税额的贡献微乎其微。而由于巴西和阿根廷的低收入群体需要缴纳高额的增值税,因此他们的纳税额远远高于美国的低收入群体。

第三,如果南美洲国家的税负是按人口来衡量的话,那么这几年的税负确实已有大幅度提升,比如在巴西和阿根廷这样的人口大国,税负增长十分显著。巴西的平均税负自 20 世纪 70 年代以来增加了一倍多,阿根廷的税负水平也急剧上升。我们应该看到,巴西和阿根廷的人口占南美洲总人口的比例较大,这意味着拉丁美洲的纳税人口较过去更多,纳税额度也比过去更大(见 Tanzi,2007,2010)。这些拉美国家在纳税方面缺乏累进性且人口众多,因此,巴西和阿根廷绝大部分人口的税收负担都大幅度增加,这一点是显而易见的。可以说,如果按照纳税人口而不是纳税国家来计算,南美洲的税收负担比北美洲更高(指的是美国、加拿大和墨西哥的人口总和)。我们应该记住,纳税的是人民,而不是国家!

　　我们可以用一个思想实验来证明上述观点。如果把巴西分为两个国家,那么南美洲国家的平均税负会增加;而在其他条件不变的情况下,把危地马拉分为两个国家,南美洲国家的平均税负反而会下降。这就意味着,以国家为单位来计算平均税负的方式忽略了国家的人口数量这一因素,因此无法客观地衡量大部分人口所承担的税负。

　　第四,一些税收负担较低的国家(墨西哥、智利、秘鲁、玻利维亚等)可以从政府所有的自然资源中获得可观的租金收入。这些租金可以代替税收用以支付更高的政府支出。如果这些自然资源私有化,而新的私人所有者向政府缴纳的税收和政府收取的"租金"数量相当,毫无疑问,区分"租金"和税收则没有任何意义。

　　最后,一定不能忘记高税负不一定总是比低税负更可取。许多研究都证明了这一点,比如萨巴依尼和希梅内斯的相关研究。到底征收高税负还是低税负,取决于政府是否有能力合理使用高税负带来的额外收入,提高经济效益,同时满足一定的社会需求。当额外收入浪费在经济效益较低或不符合社会需求的项目或计划上时,政府征收高税收则没有任何价值。这种情况下,把钱留给纳税人才是更好的选择。

　　另外,当税收制度不具有累进性而是按照大致比例对所有群体征税时,低收入群体所缴纳的税收比例和高收入群体大体一致,那么上述情况就更加严重了。比如在巴西,当政府提高税收时,由于税制缺乏累进性,低收入群体缴纳的税收显著增加,而针对富人的税收却增长幅度不明显。包括阿根廷在内的许多高税负国家也可能出现同样的情况(关于这一论点的一些阐述,见 Tanzi,2008a,2015)。当人们对税收在提高经济效益和社会正当性方面持有怀疑态度时,特别是当税收不具有累进性时,低税负反而更加有利。

许多研究都把拉丁美洲国家和 OECD 成员国的税收负担进行比较，比如 OECD 发布的报告（2011，p.17）以及萨巴依尼和希梅内斯的研究（2011，p.22）。但是这些研究都是以国家为衡量单位，忽略了各个国家的人口差距，因此并没有对大多数人口的纳税情况进行阐述。也就是说，我们不应该把巴西的税负情况同洪都拉斯或者危地马拉这样的国家进行比较。我们可以得出一个结论：拉丁美洲大部分人口（而非国家）的纳税负担要比许多 OECD 成员国或美国人口高。

9.4 税收结构的改变

从表面上看，多年来拉丁美洲国家的税收制度似乎并没有结构上的变化。总的来说，在这一地区，替代间接税的是其他间接税，而所得税和财产税在总税收中所占的比例几乎没有改变。然而，这种总体印象具有很大的误导性。人们看到的仅仅是冰山一角，重要的变化往往在人们难以觉察的地方悄然发生。

如果仔细观察，我们会发现近几十年来许多拉丁美洲国家的税收制度在资源分配等方面得到了一定的改善。除此之外，拉丁美洲国家的税收手段也有一定提升，从而加强了政府执行稳定性政策的能力（虽然不是全部）（如在需要时对收入进行调整的能力）。另一方面，拉丁美洲税收结构的改革推进了这一地区大部分国家税收制度的进步，但在提高税收制度的纵向公平性方面而仍然力度不足。

近几十年来，拉丁美洲的税收制度有了显著进步，这一进步尤其体现在间接税的征收方面（具体变化情况可参见 Tanzi，2008b）。在过去，拉丁美洲国家对"奢侈品或非必需品"征收高额的消费税。只有当课税商品可能造成负外部成本时，这一征税措施尚有合理性，除此之外都会严重扭曲资源分配。而如今，拉丁美洲国家已经不再征收高额的消费税。另外，从前为了保护国内经济活动而征收的高额进口税也大体被分配更为合理的增值税或更低的进口税所代替。部分拉丁美洲国家普遍实行的出口税（见 Tanzi，1976）也逐步消失，只在阿根廷还仍然适用。过去实行的税收激励政策也逐步减少。增值税的广泛实行代表了拉丁美洲国家税收的结构性变化。增值税所发挥的作用远远超过了人们在 30 年前的预期（增值税收入的相关数据可参阅 OECD 在2011 年发表的报告，详见该报告第 19 页表格 B）。

我们来看看一个有趣的案例，来说明增值税在拉丁美洲的发展情况。1990 年，阿根廷从增值税中获得的收入不到 GDP 的 2％。当国际货币基金组织派往阿根廷的技术援助团提议对阿根廷增值税政策进行改革，并估计改革后的增值税收入可能从占 GDP 的不到 2％提高到6％时，许多阿根廷的税收专家对此嗤之以鼻！人们认为，当时阿根廷的税务管理和逃税问题注定了这种增长不具备现实可能性（见 Tanzi，2007）。但是到 2009 年，阿根廷从增值税中获得的收入接近 GDP 的11％，据 OECD 的统计数据估计，巴西从增值税中获得的收入甚至更高，占 GDP 的 13％，尽管有些收入并非来自"净"增值税。

上述国家增值税的增长数据创下了世界纪录！这些数据不仅表明了拉丁美洲在税法上的改革，更重要的是说明了拉丁美洲的税收管理效率比以往有了大大提高。乌拉圭和智利的增值税收入大约为 GDP的 8％，还有一些国家的增值税收入超过了其 GDP 的 5％。难以想象，这些拉丁美洲国家在 20 世纪 60 年代还未开始实行增值税，而直到 20

世纪 90 年代增值税带来的收入还是微乎其微！

增值税代替了拉丁美洲原有的部分税种，从原则上来说，它能更好地成为政府实行稳定性政策和资源配置的工具，尤其是在税基广泛和税率单一的情况下。然而，增值税日益提高的重要性并不能使税收制度更具有累进性，尤其是一些国家如墨西哥政府尝试免除对低收入群体不可或缺的产品和服务征收增值税，以提高增值税的公平性。

总体来看，增值税取代了造成资源分配不均的税种，以及原本针对高收入群体的税种。增值税大致依据消费水平进行征税，因此每个人都要缴纳增值税。在某种程度上，拉丁美洲国家增值税的实行将税收负担转移到低收入群体，从而增加了依靠累进个人所得税来增加收入的需求，使整个税制更加具有公平性。

另外一方面，增值税占总税收比例不断提高，也间接证明了拉丁美洲国家的税务管理水平在近年来有所改善。增值税管理是一项复杂的工作。税务管理水平的提高可能是因为：（1）计算机的使用；（2）税务管理技术的改善；（3）税务管理部门享有的资源和激励措施增加；（4）政府官员对税务管理工作和决策的干涉减少。

与此同时，随着经济全球化的进程以及避税天堂的出现，税务管理面临前所未有的困难。例如，在跨国交易中使用转让价格为税收造成了极大难题（见 Avi-Yonah, 2008; Mercader and Pena, 2008）。这些难题犹如我之前提到的"财政白蚁"，不断侵蚀税收基础，加大了税务管理的难度（见 Tanzi, 2001, 2008b）。因此，不应将拉美国家的税务管理视为高效率的典范。与世界其他地区一样，拉美国家税务管理虽已有所改善，但也正面临着税收生态变化带来的新挑战。我们只能说拉美国家的税收制度比几十年前更有效率。但逃税也是拉美国家需要应对的新的挑战,这一问题已不仅仅停留在国家层面,而成为一个全球性问题。

Sabaini 和 Jiménez(2011)或 Cornia 等(2011)的研究报告都对逃税行为进行了统计。这些研究成果虽然有其应用价值,但我们应该持有谨慎的态度,因为如果征税存在困难,那么未征收的税收中究竟有多少是由于偷税漏税造成的也同样难以估算。因此,用来估算逃税行为的国家账户或是家庭调查所产生的国民核算数据,常常被激进的拉美人称为"国家童话"(cuentos nacionales),里面包含的数据可能并不具有真实性。

多年来,税务部分为提高效率不断尝试各种技术和组织变革,其中包括:(1)使用蹲点(punto fijo)* 技术;(2)使用"大型纳税人单位";(3)使用各种形式的"简化税种"和推测可行的征税方法;(4)为遵守税法的纳税人提供彩票;(5)要求销售者开具发票,或要求消费者索要发票;(6)提前扣缴某些税款;(7)按职能而不是税种重组税务机构;(8)税务稽查人员定期轮岗;(9)对纳税人进行调查,以清除有腐败行为的税务稽查员;(10)将部分额外税收用于税务部门的激励措施;以及(11)更好的待遇和晋升机会。此外,使用计算机储存和检索信息也是至关重要的。虽然上述某些措施并没有带来预期效果,但也在一定程度上提高了拉丁美洲国家的税收收入。

这可能意味着,从宏观经济的角度来看,许多税收相关的文献提到的逃税行为对税收收入造成的损失可能通过其他税收措施得到弥补。例如,某一特定税种(如个人所得税)的逃税行为导致的收入损失可以

---

* "punto fijo"译为"蹲点",指税务局安排一名工作人员到某个经营场所,在一段时间内密切观察其经营活动和销售情况,以便对其较长时期的销售额进行估计。——译者注

通过其他税种来进行弥补。这些税种是专门为了弥补逃税带来的损失而实行的。从宏观意义上讲，一个税种的逃税行为所造成的收入损失，可以通过使用其他更容易征收的税种来弥补。例如，对汽车和汽油征税，或者增值税，可以弥补所得税的收入损失。也就是说，逃税行为有可能改变一个国家的法定税收制度将会有所不同。因此，有关逃税行为的研究报告所提供的数据可能并不具有真实性，同时还存在局部均衡分析中普遍存在的问题。但逃税现象必然会造成纳税人个人的损失，而从宏观上说，也是一个国家的损失，因为逃税行为可能使一个国家的税制背离政府原有的初衷。

总之，逃税不仅影响税收公平性，也会扰乱资源的配置，但如果某些税种由于逃税而造成的收入损失可以通过使用其他税收来弥补的话，逃税可能并不总是造成宏观经济上的问题（或收入损失）。就像部分拉丁美洲国家已经发生的那样。

9.5　所得税对收入的贡献

拉丁美洲的所得税自 20 世纪 60 年代开始实行一直到 80 年代都并无明显进展。高通货膨胀、长期的税收滞后以及高通货膨胀造成的税基扭曲往往对 20 世纪七八十年代的所得税的收入造成了严重的消极影响（见 Tanzi，1977）。现有的统计数字表明，在新千年的第一个十年里，当大多数国家不再面临通货膨胀问题时，一些国家的所得税收入大幅度增加。然而，大部分所得税收入都来自企业所得税，个人所得税对税收的贡献仍然很小。

Sabaini 和 Jiménez(2011，p.27，Table 8)，以及 Cornia 等(2011，p.35，Table 15)提供了 2004—2007 年个人和企业所得税收入的相关数据。巴西的个人收入所得税收入最高，但也仅占 GDP 的2.6％。墨西哥和巴拿马的个人所得税收入占 GDP 的 2％左右。可以看到，拉丁美洲个人所得税收入占 GDP 的平均比例为 1.4％，而 OECD 国家的平均比例为 9.2％，欧洲许多 OECD 国家的个人所得税收入甚至远远高于平均水平。

相比之下，拉丁美洲国家的平均企业所得税收入占 GDP 的 3.6％，几乎与 OECD 成员国持平(OECD 国家的企业所得税收入平均占 GDP 的 3.9％)。智利(7.3％)、秘鲁(5.9％)和巴西(5.1％)的企业所得税占 GDP 的比例超过 5％，这一税收水平是非常高的。而在这些拉丁美洲国家，尤其是智利和秘鲁，从事矿产资源生产和出口的公司是企业所得税的最大贡献者。

个人所得税占总税收的比例低以及低财产税致使拉丁美洲国家难以建立合理的税收制度来降低税前基尼系数。这一结论在科尼亚等人的实证研究中得到了证实(2011，p.39，Appendix Table 1)。根据该研究提供的表格可以看出，大多数拉丁美洲国家的税收难以在降低基尼系数方面发挥作用，而在欧洲和盎格鲁—撒克逊国家却能够在这方面更好地发挥税收的作用(见 Tanzi，2011，p.27，Table 1.5)。据估计，在拉美国家中，只有阿根廷的税制能够承担起收入再分配的角色。总体来说，拉丁美洲国家的基尼系数普遍偏高，但是却难以通过税收政策对收入进行再分配。也就是说，提高税收往往意味着给低收入群体造成更大的税收负担(Sabaini and Jiménez，2011，p.29，Table 7)。许多专家认为，如果税收制度不具有累进性，政府又不能有效而公平地使用公共支出为穷人创造福利,那么政府就不应该大幅度提高税收。

正如多位学者的多篇论文所显示的那样,尤其是与 OECD 国家相比,拉美国家通过预算支出进行再分配的程度较低。尽管巴西、墨西哥和巴拿马等国家近期已经采取措施改善目前的状况,然而我们也要看到,当前对财政政策影响作出的预估可能夸大了税收和公共支出在再分配过程中的作用,尤其是对拉美国家而言,我将从两点对上述结论进行阐述。

首先,人们在衡量税收对基尼系数所产生的作用时,往往忽略了税收的遵从成本。部分国家的税收遵从成本相当高,且呈递减之势(见第 3 章)。就纳税人的收入而言,低收入群体的遵从成本显然高于高收入群体。这一现象是由税收制度的复杂性造成的。我们很难界定上述情况是否同样发生在拉美国家,因为拉美国家不同于发达国家的一点是,它们并不依赖个人所得税获取税收收入。但是根据世界银行等机构的几项研究显示,由于复杂的税收制度,巴西的税收遵从成本非常高。然而,目前还不清楚低收入群体的成本是否更高,因为他们通常生活在更发达的国家。另外,在巴西或是整个拉美国家,只有极少数的低收入群体会缴纳个人所得税。

其次,也是更重要的原因是政府支出和计划往往伴随着低效率和腐败现象的发生,这一点在拉美国家尤其突出。同样,低效率和腐败造成的成本往往并不是平均分配到每一个群体。然而这一点却并没有得到税收专家的重视。坦茨(Tanzi, 1974)曾对拉美国家的低效率和腐败问题进行了详细阐述。迄今为止,这些问题并没有得到改善,这一点在较贫穷国家比在较富裕国家更为常见。

一些学者指出,公众从政府支出(转移计划)中获得的真正的、有价值的利益应该与政府计划的预算成本等值,且政府支出应该完全分配给需要接受服务的群体(如学校的学生、诊所的病人等),但是,由于提供公共服务的群体(如教育工作者、公共卫生官员、项目管理人员等)具有低效率和腐败问题,公民所获得的利益低于所支付的成本。也就是说,低效率和腐败行为让提供服务的过程出现了明显漏洞,公民,尤其是穷人所接收到的实际利益远远低于政府支出。提供服务的群体(如学校教师、护士、管理人员)通常并不属于低收入群体,但是他们却能够在政府支出中谋取(很大的)差价。他们可以通过不作为或者贪污,利用公共支出在使用中的漏洞,获得真正的利益。例如,教师或护士可能经常旷工,或者迟到早退,也有机会将公款挪为己用。管理者甚至会转移部分公共资金(关于这一点的讨论,可参见 Tanzi, 1974, 2008a)。

让我们说回到所得税。一个合乎逻辑的问题是,为什么拉美国家在征收增值税这种难以管理的税种时能够取得巨大成功,但是在征收个人所得税上却失败了?另外,为什么税务机关能够提高增值税的管理效率,却无法有效管理个人所得税?专家在这个问题上给出的答案很难让人信服。他们给出的理由如下:(1)经济活动不规范;(2)人均收入低以及税基低;(3)推定的逃税发生率较高;(4)行政腐败问题。但究竟为什么上述因素会影响个人所得税而不是增值税呢?

显然,这些问题需要更多答案。我认为有两个因素造成了拉丁美洲个人所得税的问题。第一个因素是拉美国家的税收生态问题。与较发达的国家相比,拉丁美洲国家的雇佣劳动者的工资和薪金在国民总收入中所占的比例非常低。第二个因素则是针对所有收入形式的低税率问题,尤其是对非雇佣劳动者所获得的收入征收的税率相当低(见

Tanzi，2008c）。除了这两个因素之外，拉丁美洲国家个人所得税的免征水平很高，从而消除了部分来源于个人所得税的税基。

拉丁美洲国家的雇佣劳动者所获得的工资和薪水占国民总收入的比例不足30％。这一比例比大多数工业国家要低得多，这一数据在大多数工业国家往往超过60％甚至70％。拉丁美洲国民收入的绝大部分是以租金、股息、利息、利润或资本利得的形式获得的，或是以其他非正规经济活动的形式获取的，而这些个人收入不足以达到纳税的标准。也就是说，许多潜在的应纳税款项是以上述形式为个人所得。这就是为什么拉丁美洲个税低的第一个原因。

第二个原因正如第4章中也提及的。在过去30年里，美国原先建立在海格—西蒙（Haig-Simon）概念上的所得税结构经历了逐步瓦解的过程。传统的海格—西蒙概念（也就是希克斯提出的针对收入的概念）称所有形式的收入，不论其来源，都会创造消费能力，因此都是平等的。也就是说，所有收入形式都应该获得平等对待，因为它们都同样为获得收入的群体提供了消费选择。因此，应该对所有收入形式以相同的方式进行征税，并且，应该按照收入总额或"全球"总额用累进税率进行征税。这也是20世纪70年代盛行的累进个人所得税和综合个人所得税概念的由来。

然而，从20世纪70年代开始，海格—西蒙的应税收入概念开始受到部分经济学家的攻击。在随后的20年里，所得税结构逐步瓦解，取而代之的是一种明确区分不同类型和收入来源的结构，尤其是对如股息利息、资本利得和"附带贸易收入"等收入形式采取特殊的纳税政策。

由于拉美国家的政策制定者普遍有在美国的留学经历，美国的经济学理念对拉美国家有着深远的影响。因此,美国个税结构的改变也影响了拉美国家的税收制度,导致(1)所得税税率总体偏低(见 Sabaini and Jiménez,2011,p.25)以及(2)对股息、利息收入、资本利得、利润、租金等收入形式所征收的利率尤其低,而这部分收入通常由富人所得(部分证据可参见 Velayos et al.,2008,p.116,Table 4.2)。

如果国民总收入中的一小部分(30%)按正常税率征税,个人所得税的免税水平高,而较大一部分国民收入(60%—70%)按低税率征税,或者根本不征税,那么个人所得税占总税收收入的比例很小也就不足为奇了。逃税当然可能是其中一个原因,因为拉美国家的经济体系不规范容易造成逃税行为,但这绝不是主要原因。

从理论上说,拉美国家税收管理水平的提高本可以促使个人所得税收入的增加,但由于对富人收入所征收的税率降低,因此个人所得税的水平仍然无法得到提升。

9.6 结 论

毫无疑问,在过去50年里,拉丁美洲国家的税收政策取得了长足的进步。然而,根据拉丁美洲民主动态调查(*Latinobarometro*)对拉美国家公共服务质量的报告显示,拉丁美洲国家对预算支出的使用能力未能取得同样的进步,尽管近年来部分拉丁美洲国家采取了一些有意义的扶贫计划。

税收应该具有公平性,这一点十分重要,但我们还应谨记,只有当政府能够有效使用公共支出时,提高税收才有意义可言。在税收制度不具有累进性，用大致成比例的税率进行征税的国家中，横向公平性被严重破坏，社会福利不能平均分配到所有家庭和个人时，情况尤其如此。例如，医疗保障福利只有病人才能享受，但是所有纳税人都得为此纳税，包括不享受该福利的人。因此，拉丁美洲国家的收入能否得到最佳利用，这一点尚无法确定（见 Tanzi，2008a）。

参考文献

Avi-Yonah, Reuven S., 2008, "Globalization and Tax Competition: Implications for Developing Countries", in Vito Tanzi, Alberto Barreix, and Luiz Villela, editors, *Taxation and Latin American Integration* (Cambridge, MA and Washington, DC: Harvard University and IDB, pp.173—194).

Bernardi, Luigi, Alberto Barreix, Anna Marenzi, and Paola Profeta, editors, 2008, *Tax Systems and Tax Reforms in Latin America* (London and New York: Routledge).

Cornia, Giovanni Andrea, Juan Carlos Gómez Sabaini, and Bruno Martorano, 2011, "A New Fiscal Pact, Tax Policy Changes and Income Inequality", UNU-WIDER, Working Paper No.2011/70.

Gómez Sabaini, Juan Carlos, and Juan Pablo Jiménez, 2011, "Tax Structure and Tax Evasion in Latin America", CEPAL, Series macroeconomia del desarrollo, 118, December.

Mercader, Amparo and Horacio Pena, 2008, "Transfer Pricing and Latin American Integration", in Vito Tanzi, Alberto Barreix, and Luiz Villela, editors, *Taxation and Latin American Integration* (Cambridge, MA and Washington, DC: Harvard University and IDB, pp.263—292).

OECD, 2011, *Revenue Statistics in Latin America, 1990—2009* (Paris: OECD).

Tanzi, Vito, 1966, "Personal Income Taxation in Latin America: Obstacles and Possibilities", *National Tax Journal*, vol.XIX, no.2, pp.156—162.

Tanzi, Vito, 1974, "Redistributing Income through the Budget in Latin America", *Banca Nazionale del Lavoro Quarterly Review*, no.108 (March), pp.65—87.

Tanzi, Vito, 1976, "Export Taxation in Developing Countries: Taxation of Coffee in Haiti", *Social and Economic Studies*, vol.26, no.1 (March), pp.66—80.

Tanzi, Vito, 1977, "Inflation, Lags in Collection, and the Real Value of Tax Revenue", *IMF Staff Papers*, vol.24, no.1 (March), pp.154—167.

Tanzi, Vito, 2001, "Globalization, Technological Developments and the Work of Fiscal Termites", *Brooklyn Journal of International Law*, vol.XXVI, no.4, pp.1262—1284.

Tanzi, Vito, 2007, *Argentina: An Economic Chronicle* (New York: Jorge Pinto Books).

Tanzi, Vito, 2008a, "The Role of the State and Public Finance in the Next Generation", *OECD Journal of Budgeting*, vol.8, no.2, pp.1—27.

Tanzi, Vito, 2008b, "Globalization, Tax Systems, and the Architecture of the Global Economic System" in Vito Tanzi, Alberto Barreix, and Luiz Villela, editors, *Taxation and*

Latin American Integration (Cambridge, MA and Washington, DC: Harvard University and IDB, pp.401—414).

Tanzi, Vito, 2008c, "Tax Systems and Tax Reforms in Latin America", in Luigi Bernardi, Alberto Barreix, Anna Marenzi, and Paola Profeta, editors, *Tax Systems and Tax Reforms in Latin America* (London and New York: Routledge, pp.1—16).

Tanzi, Vito, 2010, *The Charm of Latin America* (New York: iUniverse).

Tanzi, Vito, 2011, *Government versus Markets: The Changing Economic Role of the State* (New York: Cambridge University Press).

Tanzi, Vito, 2015, "Crises, Initial Conditions and Economic Policies", in Symposium "Structural Reforms and Fiscal Consolidation: Trade-Offs or Complements?", Federal Ministry of Finance (Germany), March 25, 2015, pp.41—57.

Tanzi, Vito, Alberto Barreix and Luiz Villela, editors, 2008, *Taxation and Latin American Integration* (Cambridge, MA and Washington, DC: Harvard University and IDB).

Velayos, Fernando, Alberto Barreix, and Luiz Villela, 2008, "Regional Integration and Tax Harmonization: Issues and Recent Experiences", Vito Tanzi, Alberto Barreix, and Luiz Villela, editors, *Taxation and Latin American Integration* (Cambridge, MA and Washington, DC: Harvard University and IDB, pp.79—128).

10

加强发展中国家的财政能力

10.1　引　言

发展中国家的政府促进经济发展以及实现各项社会目标的能力，例如消除贫穷、改善医疗保健和教育服务，以及为偏远地区提供基本基础设施的能力，往往因提高税收的能力有限而受到制约。发展中国家在提高税收水平方面会遇到来自国内外的诸多障碍。10.2 节将提到影响发展中国家提高税收水平的国内障碍因素，10.3 节将探讨外部障碍因素，10.4 节围绕解决国内障碍因素的政策或措施，10.5 节探讨的是如何促进更好的国际合作，以便在提高税收方面减少国际上的障碍。

10.2 税收面临的国内障碍因素

在评价发展中国家的税收水平时，我们常常会用工业化国家或富裕国家的税收水平作为参考。在过去一个世纪里，发达国家的税收水平有所提高，主要是由于以下两个原因：第一，发达国家民主化进程进一步扩大了投票权的范围，越来越多的民众要求政府提供更多的公共服务。公共支出的需求扩大必然导致税收需求的扩大。第二，发达国家经济结构的调整优化了整个税收生态，使税收供给变得更具弹性。具体来说，发达国家经济体系进一步规范化、组织化，农业在国民总收入中所占的比重下降，城市人口剧增从而形成了正式经济体。城市化促使公民对政府服务的需求增加，因此成为决定税收水平的重要因素。

富裕国家提高税收水平的三种税种为所得税（个人和企业所得税）、一般销售税（目前主要是增值税）以及对雇佣劳动力征收的工资税。这些税收收入用以支付公共养老金和公共医疗服务所需要的开支。对富裕国家来说，为满足日益增长的公共需求而提高税收是相对容易的。然而，近年来某些发达国家出现了抵制高税收的声音，而随着提高公共支出的需求不断增加，导致其中一些国家也面临重大的财政困难。

发展中国家的情况则有所不同。尽管许多发展中国家也经历了类似于富裕国家的民主化进程，扩大了投票权的范围，民众对公共物品和服务的需求也日益增加，但是大部分发展中国家的经济结构并没有根本变化,或者改变并不明显。许多发展中国家面临着经济体系不规范等问题,限制了提高税收水平的能力。

另外,收入分配不均往往导致高收入群体拥有更大的政治权利。因此,本该承担更多纳税义务的高收入群体往往试图阻止政府实施提高税收的政策,这一点尤其体现在个人所得税的征收上。发展中国家个人所得税占 GDP 的比例始终维持在低水平。税法制定、管理难度、偷税漏税行为以及落后的经济结构都是减少发展中国家税收收入的重要因素。

其中,税法制定发挥了重要作用。发展中国家个人所得税的免征额远远高于发达国家,导致发展中国家失去了部分税基。另外,发展中国家的国民收入更多来自资本收入而不是工资收入,这一点也不同于发达国家。而资本收入通常会享有优惠的纳税政策。同时,由于经济体系不规范,更高比例的消费行为未被征税。而由于种种原因(如缺乏资源、腐败行为和组织不善等原因),发展中国家的税收管理效率也较为低下。

10.3 税收面临的外部障碍因素

过去几十年发展中国家在征税上面临的困难主要来自国内。自 20 世纪 50 年代以来,发展中国家开始接受其他国家的技术援助,以便解决国内出现的困局。但是,几年来,由于发展中国家与较富裕国家或者是其他发展中国家的经济联系愈发紧密,国外的影响反而成了造成发展中国家征税困难的主要因素。

发展中国家的经济一体化不仅指其进出口额在 GDP 中所占的比例更高(开放因素),还包括发展中国家对企业的所有权和控制权(财政和所有权因素)以及生产一体化的因素。国内企业常向国外借款;部分甚至全部企业所有权为国外所有;以及国内企业生产一体化,引进国外企业的产品和服务。这些"一体化因素"在近几十年来急剧增加。

目前,发展中国家的进出口贸易往往不是发生在国家与国家之间,而是由各个国家的相关企业直接进行的。"国内"企业常常是国外企业经营的子公司或分支机构。这些"国内"企业使用各种有形和无形的投入,这些投入来自它们所属集团的其他企业,或有某种联系的其他企业,如实物、专利、商标、技术和贷款。反过来,它们出口的不仅仅是面向消费者的最终产品,而且是各种资源或在其他国家组装的零部件,最终这些产品会销售到世界各地。比如,中国出口的绝大部分产品往往是由邻国生产的。

如此一来,所有交易都不能通过市场竞争或"公平交易原则"来确定价格,而只能依靠随机的标准为进口资源(如进口配件、专利、商标的使用、跨国公司总部研发的技术与设计)进行标价。这就为操纵价格提供了可能性,最终导致避税行为的产生。在某些情况下,基本农产品(如香蕉)的安全出口成本也可以进行人为操纵,这就降低了该产品生产国的税基。

对价格的操纵这一外部(国外)因素最终导致越来越多的避税或逃税行为。离岸港口和"避税天堂"也加剧了逃税现象的发生。产品的利润或附加值通常被分配到离岸中心,因为那里的税率较低。这种避税行为常难以发现并加以制止,尤其是当各个国家之间没有建立某种形式的税收协调合作关系，而发达国家和"避税天堂"地区也不愿意积极配合。一些国家由于越来越大的压力并不愿意提供有关避税和逃税活动的相关信息。

10.4　减少国内障碍因素的政策和措施

　　要解决阻碍税收水平提高的国内障碍，以及政府有一些权力可以消除的障碍，政府可以从两个方面采取具体行动：税法改革和税收管理的改革。发展中国家还可以通过相关国际组织、国外政府或私人组织（如大学、智库、咨询公司等）获得税收专家的帮助。有能力、有经验的国外税收专家所提供的帮助十分有价值，他们可以帮助发展中国家找到税法或管理方面的问题。当然，税务专家并不能简单将自己国家的经验复制到发展中国家。因此，税务专家最好具备多国税务建设经验。这种有经验的税务专家在已建立的国际组织中比在大学中更容易找到。

　　税制改革从来都不容易，往往需要面对强大的既得利益集团。要想获得成功，就必须考虑到一个国家内部的情况，如政治、行政、文化、结构等方面的情况。在税收改革中，一味追求尽善尽美反而会适得其反。理论上行得通的方案，甚至瑞典或美国成功执行过的税收改革方案，在一般的非洲或拉丁美洲国家并不一定有效果。税改方案的一个共同缺陷是，即虽然改革的建议有很多，但却往往不分轻重缓急，忽略了最根本的税收改革措施。

　　技术支援团队所提供的建议或税收改革所制定的目标都应该致力

于最根本的改革措施，以促进税收的公平性。如果改革的目标太多，执行者有可能选择最容易却效果不明显的措施，而忽略了最困难却最有效的措施。

税收改革的指导原则或引发改革的建议应该是简单的。太过复杂的税收改革措施尽管在理论上是可能达到预期目标的，但往往会以失败告终。因此，简单化是税收改革的指导原则。当然，简单化的税收改革可能会以其他目标为代价。如何用最简单的税收改革措施来提高税收收入，很难给出具体指导方案。然而，一些指导方针可能会有一些帮助。

首先，在所得税方面，应该避免使用过高的税率和复杂的税收减免政策。不要试图用税法去解释个人、家庭，甚至是企业的种种具体情况。现代税制的一个主要问题就是试图用一种手段去达到多种目的。同样，要记住税率越高，就越容易引起纳税人的抵触情绪，甚至激发避税行为。这一情况特别容易发生在掌握政权的群体中。高税率会引起社会福利的成本增加，或者鼓励资本外逃的行为。同时，如果根据不同收入种类（将资本利得与常规利润对立起来）进行征税，可能会导致错误的收入分类。除此之外，应该最小化使用"税收优惠"政策，因为这些政策往往倾向于高收入群体的利益，同时加剧税收制度的复杂性，增加税收成本，还可能造成扭曲的消费模式。

尽量减少使用税收激励政策。税收激励政策通常会影响投资分配，减少税收收入，助长腐败行为。应根据一个国家人均收入制定合理的个人免税额度（以零税率征收的应税所得额）。通常人均收入较高的国家个人免税额度也较高，从而对税收收入造成了损失。记住，所得税第一档次的税率在创收方面起着至关重要的作用。因此，第一档次的税率不应设置得过低。而最高档次的税率往往不能创造太多收入，因为纳税人上报的个人收入往往达不到最高档次税率的标准。

其次，在增值税方面，税收专家所强调的一条重要的规则却往往被政府忽略，那就是：在尽可能广泛的税基上使用单一、合理的税率，而非在差异化、狭窄的税基上采用多种税率（包括零税率）。税基应该符合国民经济核算部门对消费水平的统计。许多政客为了让增值税成为理想中的"公平"税收而采用多种税率，最后反而徒劳无功。他们所谓的公平就是对基本产品或必需品采用税收优惠政策。在他们的理念中，产品或服务越重要，对其征收的税率就应该越低。

将税收差别化往往会(1)适得其反，因为这种措施大大减少了可用于向贫困家庭提供基本服务的税收收入；(2)许多实证研究证明，税收差别化最终更有利于高收入群体（通常穷人会从非正规销售渠道购买必需品）；(3)使税收管理复杂化；(4)增加商店的税收合规成本；以及(5)导致大量收入损失，助长逃税行为。

进口税也存在类似的情况。应尽量减少使用进口税，以免造成不良后果。应尽可能统一的进口税税率。如果一个产品要征收国内消费税，对其进口部分的消费，可以在进口时征收消费税。但如果进口税过高，则可能滋生走私行为，例如香烟走私。产品价值越高，体积和重量越小，在进口关税过高的情况下，被走私的可能性就越大。另外也应该尽量避免出口税。

发展中国家的财产税征收受到以下两方面的影响。首先，税务管理部门需要确定所课征财产的价值，还需要分清每个家庭的具体情况，不能一概而论。为了提高效率，简化税制，财产税也应采纳一个统一税率（如 1%）。同时，评估价值应该尽可能保持更新。这是一项庞大的工程。

企业所得税的指导原则应该是采用国际上认定的"正常"税率,现在大约在20%—25%之间。企业所得税应该按照一定的经济原则来确定企业利润,从而确定企业所得税税基。税收激励政策总是使事情复杂化,导致越来越多企业对税收激励政策提出要求,同时助长了腐败和逃税行为,造成收入损失。国外投资者常给一些国家施压,常用的说辞是如果不提供税收激励政策,就将投资转移到提供税收激励政策的邻国。应坚决抵制这种行为。一个区域内的国家应携手共同应对来自国外企业的压力。有必要的时候可以与联合国、国际货币基金组织和美洲税务管理中心(CIAT)等机构进行咨询协商。

当然,当现存的税收制度已经相当复杂,并已经忽略了上述原则时,列出这些一般原则已没有帮助。从这种复杂的税制中获益的群体可能对政府当局有相当大的影响力。在这种情况下,要真正进行税制改革,应该更好地利用国际组织的协助。我之前也讲过,一个国家的经济结构(不规范的经济体系、农业占国民经济比重过大、高收入群体反对提高税收)可能最终会降低某些国家的税收水平。

美洲国家组织(OAS,2009)进行的调查显示,随着美洲国家民主化进程的推进以及投票权范围的扩大,许多美洲国家出现了所谓的"民主赤字"现象,也就是说,人们需要政府发挥的作用超过了政府的经济能力。因此,有效而公平的提高税收水平,有效而公平的使用公共支出,成为了这些国家消除"民主赤字"的关键。

另外,对于税务管理部门而言,最重要的是其组织方式,以及能否最大程度上遵守廉洁和效率的原则。与一个世纪前相比,越来越多经验丰富的税务专家加入了国际组织和政府之中。这些人可以通过重组税务部门以及采用现代审计技术协助税务管理部门提高工作效率。

10.5 建立国际合作的需求

如前所述,各国经济,特别是身处其中的企业,不再像从前一样闭关自守,而是加强了与其他国家的联系,实现资源和信息的互换。一个国家企业使用的资本、生产技术和体系、购买生产资料的价格和向国外出售产品的价格,甚至是雇员和经理的薪资都受到了全球化的影响。国外资本投资的企业和个人想要最大化利润。而接受投资的当地政府可以通过最小化税收来吸引国外投资。

现在有很多文献概述了如何利用"税收筹划"来尽量减少向政府缴税。通过寻求税收最低的国家,避开税收最高的国家,企业可以操纵产品的投入和产出价格。

打击上述逃税行为绝非易事,对于那些不太发达、资源有限、向税务行政机构的劳动者支付低薪资、很难留住最有能力的行政人员的国家来说,这尤其困难。这些人在了解一个行政机构的内部工作后,利用这些信息来协助那些一心要避税的人。通常当地政府获取的税收收入十分有限。

对于一个相对贫困的国家来说,不必重金聘用外国私人顾问,反之,可以寻求相关国际组织或机构的建议或协助。一些国际组织,如OECD和国际货币基金组织,都可以向发展中国家提供技术援助。当然,这些国际组织也存在缺陷。例如,OECD的资源有限,尽管最近做出一些努力,但其本质上仍是一个由富裕国家组成的机构,因此不可避免会照顾到其成员国的利益,从而与较贫困国家的利益产生冲突。而国际货币基金组织所提供的援助往往与其金融计划挂钩,尽管近年来这种现象有所减少,但其提供的援助也并不总是免费和可得的。

30年前,我曾提议建立一个世界税务组织,一方面监督税务发展情况,另一方面为出现税务问题的国家提供更直接和深入的援助。世界税务组织可以将分散在世界各地的税务机构集中在一处,以便集中力量解决税务问题,同时将可利用的、有价值的资源集中起来,缓解各地税务机构内部或明或暗的压力,这些压力可能会降低资源价值和可用资源的可用性。这个世界税务组织可以是某个机构内部相对独立的部门,可利用手里的资源聘用一批训练有素的税务专家,协助有需要的国家处理税务问题(见 Tanzi,2016)。

参考文献

Organization of American States (OAS), 2009, *La Democracia de Ciudadania: Una Agenda Pare la Construccion de Ciudadania en America Latina* (Washington, DC: Organization of American States).

Tanzi, Vito, 2016, "Lakes, Oceans and Taxes: Why the World Needs a World Tax Authority", in Thomas Pogge and Krishen Mehta, editors, *Global Tax Fairness* (Oxford and London: Oxford University Press, pp.251—264).

11

联邦政府税收共享计划的可行方案

11.1　财政分权

　　二战后的数十年间,(1)要求政府在经济中发挥更大作用的观点广泛传播;(2)社会主义思想在部分国家日益流行;(3)联合国和其他全球性机构建立,让低收入国家的公民发出了全球性的声音。另外,首次有统计数据指出发达国家和不发达或发展中国家的生活水平存在极大差异。

　　在这几十年中,许多国家中央政府所扮演角色的重要性急速增加。联邦国家的中央政府发挥着日益重要且广泛的作用(见 Tanzi,2008)。许多国家的政府尝试提高税收收入,以便建立必要的基础设施,为公民提供更高质量的社会服务。在这段时期内,政府对提高税收的需求不断增长,关于"应税能力"的经济学文献成为公共财政研究的热门话题。

20世纪80年代,各国政府反对经济和政治集权的声音开始出现,从星星之火逐步呈现燎原之势。一些人开始认为,政府集权降低了公民的"发言权",同时也削弱了地方政府(次级政府)和司法管辖区的权力。随着时间的推移,权力下放运动开始形成,并愈演愈烈,获得了包括世界银行在内的国际组织以及保守派经济学家(部分是布坎南公共选择理论学派的倡导者)的支持。发展中国家的民主化运动更是为权力下放运动提供了助力。伴随着权力下放运动的是私有化运动。私有化运动在某些国家的地位日益显著。不论是权力下放运动还是私有化运动都受到了中央政府作用加强这一现象的影响。

何时何地,关注和行动的焦点从中央政府转向地方政府,而非私有化,人们认为应该制定相应的财政计划,将更多的财政资源分配给地方政府,同时地方政府应承担更大的财政责任。许多国家并不像美国一样拥有宪法,为地方政府提供政治和法律上的指导。而当时有关财政联邦主义的研究文献也相对较少。直到20世纪80年代,受到美国的经验以及诸如奥茨、蒂伯特和马斯格雷夫等经济学家的著作的影响,财政联邦主义开始受到人们的关注。

到了21世纪,许多国家开始出现研究公共资源多级分配问题的文献。这部分文献的数量和规模迅速扩大,促进了地方政府财政责任和财政资源的确立原则和方案的形成。

大多数联邦制国家有三级政府:管理全国事务的中央政府;管理较大片区的政府,通常成为地区政府。某些国家的地区政府成立时间早于中央政府,这些地区政府有时也被称为州,美国和巴西等国家正是属于这种情况。而在每个地区（或州）内部还有更低级别的行政单位，如市、市镇，某些国家还有县级单位。市政府远在城市形成时就已经产生，至今有5 000多年的历史。在某些地区，它们成为独立的城邦，比如在文艺复兴时期的意大利，城邦的数量众多，达到了8 200座。巴西城邦的数量达到了5 760座。

某些国家在地区政府和市政府之间设立了负责某些具体活动的行政单位或政府。这种行政单位被称为省。每个省涵盖了部分市级行政单位。一个省的财政收入由上级政府划拨，或者由国家税收收入提供。不少专家对省级单位是否有必要存在提出了质疑，但一旦省级单位建立，在政治上也很难取消。

许多大国（如中国、巴西、美国、俄罗斯、加拿大、澳大利亚、印度、印度尼西亚、南非、尼日利亚、阿根廷、墨西哥、巴基斯坦和德国）和部分小国（瑞士、比利时、丹麦和挪威）都存在多级政府，或者财政分权的政府。在大多数国家，城市政府在一定程度上拥有政治和财政自主权。

如前所述，近几十年来，越来越多的人愿意赋予地方政府更多的政治权力和发言权。这一趋势可以从市长和地区州长的民主选举情况得知。如表11.1所示，许多国家都开始呈现出这一新趋势。早些年，市长和州长是通过中央政府进行任命的，而非选举产生的。表11.1显示了拉丁美洲地区的国家在选举市长和州长方面的新进展，充分说明了地方政府的权力已经进一步扩大。

尽管地区政府的权力有所扩大，并拥有了一定程度的政治自主权，在财政方面的支出和责任也随之扩大，但直接获得财政资源的机会仍然十分有限。地方政府的财政自主权主要来源于效率较低的税种、费用和罚款以及中央政府的转移支付。中央政府的转移支付往往附加一

表 11.1　拉丁美洲：地区政府行政职位的首届选举情况

国　家	市　长	地区州长
阿根廷	1983 年	1983 年
巴哈马	1997 年	
伯利兹	1981 年	
玻利维亚	1985 年	2005 年
巴　西	1982—1985 年	1982 年
智　利	1992 年	
哥伦比亚	1998 年	1991 年
哥斯达黎加	1949 年	
厄瓜多尔	1983 年	1983 年
萨尔瓦多	1985 年	
危地马拉	1985 年	
圭亚那	1995 年	
洪都拉斯	1981 年	
牙买加	1962 年	
墨西哥	1917 年	1917 年
尼加拉瓜	1992 年	
巴拿马	1995 年	
巴拉圭	1991 年	1993 年
秘　鲁	1990 年	2002 年
多米尼加共和国	1966 年	
乌拉圭	2010 年	1984 年
委内瑞拉	1989 年	1989 年

资料来源：Rafael de la Cruz（2011，p.47）.

定的条件,而这些条件越严格,地方政府就越无法随心所欲地使用所获得的转移支付。而当问责制度不完善时,地方政府在使用公共开支时实际上往往不遵循中央下达的政策指令,但所采取的方式并不符合法律规定。这种情况必然造成腐败行为。据美洲国家组织称,地方政府财政收入稀缺造成了"民主赤字"的现象,也就是说,地方政府扩大的权力并不具备足够的财政资源进行支撑(OAS,2009,2010)。这也是拉美地区反复出现的问题。

　　许多发展中国家或新兴市场的税收资源总额十分有限。对于经常面临支出压力的中央政府来说,从税收或矿产资源所有权中获得收入具有一定难度。当然,也可以认为,一些发展中国家应该努力提高税收收入。

　　表 11.2 提供了发达国家和拉美国家三级政府在税收收入(向地区政府转移支付前后)和公共支出(向地区政府转移支付前后)方面的数据。很遗憾未能提供其他国家和地区的相关数据。

表 11.2　政府间财政

	发达国家平均值		拉美国家平均值	
	收入		收入	
	占 GDP 的百分比	占全部收入的百分比	占 GDP 的百分比	占全部收入的百分比
	转移前		转移前	
公共部门	42.4	100.0	25.6	100.0
中央政府	27.8	65.6	20.9	81.6
地区/州	9.0	21.2	3.4	13.3
直辖市	5.5	13.0	1.3	5.1
	转移后		转移后	
中央政府	22.8	53.3	16.1	64.9
地区/州	11.7	27.5	6.1	24.6
直辖市	8.1	19.0	2.6	10.5
	支出		支出	
	占 GDP 的百分比	占全部收入的百分比	占 GDP 的百分比	占全部收入的百分比
公共部门	47.8	100.0	27.9	100.0
中央政府	27.2	56.9	18.4	65.9
地区/州	12.6	26.4	6.9	24.7
直辖市	8.0	16.7	2.6	9.3

　　资料来源:Rafael de la Cruz (2011, p.50).

　　从该表可以明显看出向地方政府拨款的重要性。在发达国家和拉美国家,中央政府向地方政府转移支付的总额占 GDP 的 5％。当然,指的是很多国家的平均水平,它没有反映具体国家的情况,这些国家的情况可能与平均水平存在很大差异。该表同时显示出中央政府在税收收入和支出方面仍然具有支配地位。

11.2 各地区间的差异及财政分权情况

不论经济发展水平如何,也不论地区间人均收入是否存在较大差异,许多国家都存在多级财政计划。多级财政计划形成是由人均收入分配或经济发展速度上的差异造成的,这种差异形成的原因可能是矿产资源(特别是出口商品资源)、土壤、水资源的分布不均和各地不同的气候条件。有些地区的人均收入比其他地区要高得多;或仅仅是一些地区比其他地区发展得更快。

地区差异为中央政府造成了巨大的压力,迫使中央政府采取政策对收入进行重新分配,调节地区间的贫富差距。然而当需要使用“富裕地区”的财政资源时,这些地区往往会强烈抵制政府的调节政策。从政治上讲,更容易实现的政策是由中央政府推行全国性政策直接针对公民进行扶贫,无论其住在哪里,而不是以地区为单位进行收入调节。这些区域收入再分配政策可能为中央政府的政策产生冲突,这种情况就发生在加拿大、意大利、西班牙和尼日利亚等国家。

上述因素为财政计划的制定提供了重要启示。原则上来说,一个国家的收入分配越不平均(由基尼系数等指标进行衡量),其中央政府应发挥的作用就越令人满意。正如理查德·马斯格雷夫在其 1959 年发表的著作《公共财政理论》(*The Theory of Public Finance*)中所提到的,中央政府应该在制定收入再分配的政策上起到主要作用。但是,并不是所有中央政府都有能力或意愿扮演该角色。代表特定地区的政客有时会控制中央政府。而高收入群体则对其他各级政府施加影响力。这两种情况都会造成不同政策的制定。因此,无法有效使用公共资源或者为大部分公民提供福利的政府不能在收入分配过程中起支配作用。

除此之外,其他社会或文化因素也呼吁或促进财政分权的实现。这些因素包括:(1)同一国家不同地区在历史、文化或宗教上的差异,如尼日利亚、苏丹和伊拉克;(2)同一国家不同地区的语言差异,如瑞士、加拿大、比利时等国家;(3)同一国家不同地区的民族或种族差异,如南非。这些因素都会造成权力下放和多级财政计划的形成,因为即使假定一个国家大部分群体的需求基本上是一致的,但各地区在经济政策或公共服务方面仍然存在不同的偏好。

经济学家、政治学家和社会学家的研究表明,地区差异可能导致各地区对具体政策(如收入再分配或教育政策)采取不同的态度。因此,中央制定的经济政策只能在部分地区实行。许多地区在历史、文化、宗教和语言上的发展早在国家、政治实体(国家)成立之前,因此,一个国家的中央政府往往无法代表所有地区。在相当多的情况下,政治实体(国家)是殖民地或外国势力的控制范围,甚至是对现有人口的强制管理。在其他情况下,政治实体是由当前国家某一特定地区的行动推动的(比如意大利,详情可参见 Tanzi,2012)。政治实体的成立往往忽略了领土内部的差异性。非洲和中东地区的国家正是如此,不同的部落有时被殖民势力捆绑在一起,形成了现代国家。在这种情况下,中央政府的政策往往只能在部分地区实行,其他地区更希望获得自治权。

地区差异也不能简单地通过边界进行划分。在某种程度上,即便在同一地区的不同区域也存在差异性。这种差异性形成的原因一方面是过去该国国内大量的人口迁徙,另一方面是因为过去对地区的划分和现在有所不同。财政联邦主义容易犯的一个错误就是用现行的边界划分地区,忽略了一个地区内不同区域间的差异往往更加显著。在这种情况下,财政联邦主义就显得不太合理,因为实行财政联邦主义的根本原因就在于遵循区域间的差异性。

OECD 提供了关于其成员国区域基尼系数的相关数据(参考图 11.1),

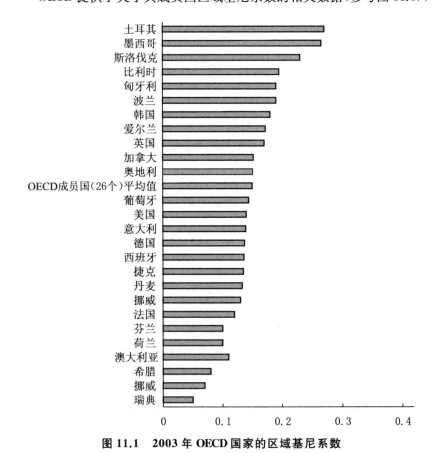

图 11.1　2003 年 OECD 国家的区域基尼系数

资料来源:OECD(2007).

体现了同一国家区域间的人均收入差距。但这一数据的前提是，尽管不同区域的人均收入存在差异，同一区域的人均收入是始终一致的。土耳其和墨西哥的地区差距最大，其基尼系数分别为 0.27 和 0.26。瑞典、日本和希腊的地区差异最小，其基尼系数分别为 0.05、0.09 和 0.09。26 个 OECD 国家的平均区域基尼系数为 0.15。

区域基尼系数和国家的大小并无绝对关联。比如，澳大利亚、德国和美国的地区不平等低于比利时、斯洛伐克以及爱尔兰等小国家。此外，除了土耳其和墨西哥的区域基尼系数和国家基尼系数都偏高以外，其他国家的区域基尼系数和国家基尼系数并无直接关系。需要指出的一点是，一个国家的国家基尼系数越高，就越应该出台相关政策对收入进行再分配。同样，区域基尼系数越高，地方政府就应拥有更多财政权，以便调整各区域间资源分配的不平衡状况。

各区域经济发展的不平衡为区域财政横向均等化建立了基础。一个国家内部的不平等为国家的收入再分配政策提供了强有力的理由。政府应将富人的资源重新分配给穷人，无论他们在哪里。当然，富人所在的区域更可能是发达地区。在其他条件不变的情况下，政府在确认地区政府能够有效、公平使用资源的情况下，可以转移支付给人均收入较低的地区。

在同一国家的不同地区对基本公共服务的需求也存在成本差异。例如，某些地区学龄儿童或老年人的基数较大，因此，比起人均收入较平均的地区来说，这些地区需要政府提供更多的教育和医疗保健支出。可以看到，除了人均收入，国家转移支付还需要考虑其他因素。不同地区对基本公共服务的成本差异取决于区域大小、人口密集程度以及人口特征等多方面因素。但是，这些成本差异绝非不同区域政府使用财政资源的效率不同的结果。

一个国家内部的经济状况差异有多大,可以用巴西的数据来进行说明。1999 年,巴西联邦区和圣保罗州的人均收入分别达到了 6 008 和 5 060 美元,而马拉尼昂州和皮奥伊州的人均收入却分别低至 770 和 912 美元。婴儿死亡率在南大河州为 18.4,但在阿拉戈亚斯州却高达 66.1。文盲率在阿拉戈亚斯州为 32.8,但在联邦区和南大河州分别低至 5.1 和 6.1。这些差距充分说明了区域财政横向均等化的必要性。巴西是世界上基尼系数最高的国家之一,因此,巴西国家政府对财政实行干涉,完善联邦财政结构,对贫困地区进行经济扶持。以上数据来源于 Rezende 和 Afonso(油印品,无日期),如果能从其他国家获得类似数据将会很有帮助。另外,美国各州在预期寿命的数据上也存在相当大的差异(最大有 20 年的差距)。

如果一个国家的各个区域在经济、文化、语言、民族和地理特征上不存在明显差距,则不需要进行财政的地方分权,除非中央政府能更有效地征税,地方政府更能对人口需求和其支出偏好进行充分评估,更有效率地使用税收收入。

然而,如果各地区间经济、文化和社会特征差异越大,各地区间的差异越同质,则需要建立联邦制。联邦制的合理性在于各地区对公共物品和社会服务的需求存在差异。某些区域更倾向于节日和体育赛事方面的支出,而其他地区可能偏向于文化和教育支出。不过,当一个区域内也存在较大差异时,联邦制则失去了合理性。此时,即便区域内的个人收入分配不均,如果中央政府可以采取更有效的策略(如采取累进个人所得税和有针对性的公共支出方案)进行收入再分配,甚至可能出现财政集权的争论。这也是为什么二战后国家政府权力扩大的历史原因之一（参见 Tanzi，2008；Tanzi and Schuknecht，2000）。

　　总的来说，国家财政计划可以上述多方面入手。国家财政计划可以考虑纵向迁移，即财政权力从中央政府下放到地方政府，也可以考虑横向迁移，即财政资源从较富裕地区转移到较贫穷地区。国家财政计划必须包括理想的税收计划，这也是本章阐述的重点。当前关于财政联邦主义的文献都忽略了上述因素。财政联邦主义的研究将同其早期发展阶段一样，持续受到美国的大环境以及美国税收研究的影响。

11.3　可实行的税收分配方案

　　在本节中，我会以简明扼要的方式介绍采取财政分权计划或财政联邦制的国家可以采用的税收分配的可能。我会在下一节中对这些方案进行详细阐述，如采取方案的国家所面临的状况、实行方案所需要的条件及其优缺点。最后一节将得出一些一般性结论。

给予地方政府建立税收制度的自由

　　第一个方案是给予地方政府尤其是级别较高的地方行政单位（如区政府或州政府）充分的自由来建立地方税收制度和税收管理部门。地方政府可根据自身需要采用相应的税基和税率。同样，更低级别的行政单位（如市政府或县政府）也应具有同样的权力。不过这一级别的地区（除个别大城市外）往往规模都太小，成功利用这种权力的能力不足。

　　一般情况下，地方政府唯一不能课征的税种为外贸税。征收进出口关税必须是中央政府的专属特权。另外,在实行这种方案时,地方政府是否需要中央政府获得转移支付取决于各种因素,其中最重要的因素为各地区在税收能力以及实现资源均衡的需求方面存在的巨大差异。同时,在实行这种方案时,同一税基可供多个级别的政府使用。

中央政府实行征税,部分收入用于向地方提供财政拨款

第二种方案和第一种刚好相反。在第二种方案中,征税的权力由中央政府垄断。只有中央政府拥有对所有或大部分税种征税的权力和行政管理能力。当然,在这种情况下,如果一个国家是联邦制国家,各地方政府需要提供一定的公共物品和服务,那么国家政府的税收垄断必然伴随一个向地方政府提供转移支付的系统。转移支付的比例可以在一段时期内相对固定,也可以每年或每隔一段时间重新进行确定。

这种方案在中央集权制的国家容易实施,比如法国和智利。中央集权制国家的次级行政地区通常是中央政府的"行政单位",可以管理所获得的财政资源,但必须遵守中央制定的指导方针。比起谈论财政联邦制,财政分权可能更符合这些国家的实际情况。

除了政治因素,选择第二种方案的因素还包括:(1)中央政府在征税时比地方政府更有效率;(2)次级行政单位在使用税收资源时更有效率,可以更好地提供某些公共服务。显然,中央政府拥有更大的政治权力,包括任命地方政府行政人员的权力(往往是不必要的)。如图11.1所示,智利和法国作为中央集权制国家,各地区市长仍然由地方选举产生。

将某些税种的使用权分配给地方政府

第三种方案是将部分税种的使用权分配给次级政府,部分分配给区政府,部分分配给市政府。应分别分配哪些税种给各级政府应该以税收技术和各级政府的税收需求为基础。此外,第三种方案还应考虑到,除了给予地方政府特定税种的税收收入外,是否应赋予地方政府决定这部分税收的税基和税率的权力。在某些情况下,中央政府可以选择保留决定税基的特权,但同时也允许地方政府自主或在一定范围内决定税率。

在第三种方案中,只有中央政府有权使用高效但管理成本较高的税种,如增值税、个人和企业所得税。地方政府可以使用其他税种。

中央政府与地方政府共享部分税种的税收收入

在第四种方案中,中央政府对大部分主要税种进行征税,将不太重要的税种交由次级政府实施征税,从而给予次级政府一定程度上的税收自由。同时,中央政府按照既定的共享计划与次级政府共享某些特殊税种(如增值税和个税)的税收收入。中央政府和次级政府也分别对其他部分税种进行征税,所获得的收入不参与共享计划。税收共享计划中的共享比例根据不同的税种进行制定,并可根据需要进行调整。也有一些罕见的情况,某些国家的地方政府也会将其税收收入与中央政府共享。

在实行第四种方案时,要记住一点:近几十年来,为税收作出最大贡献的税种为增值税、个人和企业所得税以及社会保障税或工资税。由中央政府进行征收的外贸税在过去占有重要地位。但受到全球化和贸易协定的影响,外贸税的地位一落千丈,这就意味着,中央政府获得的税收收入也相应有所减少。总的来说,税收共享计划中大部分收入都来源于收益较高的税种。

当国家的总税收需求较低时,共享计划在技术和政治上的实施难度较小。但如果总税收需求扩大时,税收共享计划会更难以实现,因为经济结构不断变化,不同税种对经济增长的影响具有弹性,从长远来看,一时有效的税收计划可能随着时间的推移而失去应有的作用。

11.4　对上述方案的简述

本节我们会简单讲述上述税收方案。

第一种方案

根据第一种方案,各级政府都有权征收任何税种并选择相应的税率。地方政府唯一不能课征的税种是外贸税(进出口关税)。外贸税必须由中央政府课征,因为外贸协议是由国家层面进行签订的,如果地方政府有权征收外贸税,那么拥有港口的行政区域可以向其他行政区域中使用本地区港口进行进出口贸易的企业和个人征税。地方政府必须遵守税收的"属地原则",即税收针对的经济活动必须发生在自身所在的行政管理范围之内。

当区级或市级行政单位规模较大,经济活动频繁,第一种方案实行的技术难度较低。比如,加利福尼亚州如果是一个独立的国家,就会成为七国集团国家(G7)之一。巴西的某些州在人口和地理面积上可以独立成为世界大国。由于这些因素,这些地区完全具备足够的行政能力建立独立的税收制度和税收管理部门(其他类似地区还包括纽约、伦敦、东京等城市。由于经济规模大,因此建立税收管理机构是可行的)。美国和巴西各州就是采取了第一种税收方案。这两个国家的州或地方政府都先于中央政府成立,因此宪法的制定也会保护各州或地方政府的权力。

第一种方案具有政治和经济理论上的吸引力。地方政府(至少是地区政府)在决定税种和税率来满足税收需要时,并不受到任何法律和政治上的限制。原则上说,地区政府可以依靠自身收入(如果政府愿意并有能力提高税收的情况下)来满足公共支出的需求,因此在政治和财政上具有自主权。少数国家(特别时美国和巴西)选择了这种方案。这些国家的地方政府(尤其是州政府)利用这种方案大幅度提高税收,其效果优于其他任何一种税收方案。(2000 年,巴西各州的税收占国家总税收的 28%。美国地方政府税收收入占全国总税收的一半。)这些国家市政府的财政收入一部分是自身税收收入,另一部分是地区或国家政府的转移支付。美国地方政府的收入主要依靠房产税,这种税收被看作是最低一级政府最重要的税收来源。

当然,第一种方案并非没有成本问题。第一,所有地方政府都被迫建立独立的税收管理部门。因此政府的管理成本重复产生,公民的合规成本会增加。当税务管理部门出现了规模经济效应,第一种方案便会造成大量的管理成本。第二,不是所有州或区政府都有能力建立高效的税收管理部门。部分行政区域由于经济落后,难以建立有效的行政管理机构。第三,一个地区的劳动力和经济资源是具有流动性的。因此,高税收地区的人才和资源容易向低税收地区流动,为防止由此造成的税基缩减,许多地区提高税收水平的自由受到了限制。消费者也存在流动性。靠近区域地界的居民通常会选择在消费税较低的地区进行消费。奥特莱斯商场的选址通常也位于区域边界附近。比如,邻近两个地区的烟酒消费税通常都很接近,否则消费税较高的地区会失去买家,甚至造成跨地区走私的现象。加拿大、美国和欧盟国家都出现了这一严重问题。

税收竞争成为第一种方案中常出现的问题,尤其是美国的企业所得税和巴西的增值税都面临着激烈的竞争。在巴西,中央和地方政府都可以实行征税。某些州试图用低税率或为企业提供税收激励政策吸引投资,同时利用较低的增值税和消费税吸引消费者。税收竞争会造成政府税收收入的损失,危害国家经济。在这种情况下,地方政府的税收自主权应得到一定程度的控制。否则,最极端的后果则是"税收战争"的爆发(见 Prado and Cavalcanti,2000;Tanzi,1995a)。

对于经济规模小、经济发展落后的地区来说,第一种方案并不是理想选择,因为这些地区的政府往往无法建立有效的税收管理部门,无法征收足够的税收收入。由于税收需要固定的资本投入(计算机、办公地点、汽车等)以及操作管理和数据收集系统,税收(尤其是某些税种)可能产生规模经济效应。一个地区的经济规模越小、发展越落后,税收管理部门的效率就越低。另外,在经济规模较小的行政区域,纳税人和税务管理人员可能生活在同一地区,彼此认识,甚至有亲戚关系。这种情况往往会滋生腐败行为(见 Tanzi,1995b)。总之,经济越发达的地区往往会获得更多税收收入(在其他条件不变的情况下),进而造成所在各地区提供的公共服务存在质量和数量上的巨大差异,除非中央政府通过财政拨款对此进行干预。

第二种方案

在第二种方案中,国家的主要税种主要由中央政府进行课征。地方政府只拥有征收与服务相关的小税种(如垃圾清运费)的权力。中央集权制国家的中央政府决定税种、税率以及如何使用税收收入。但实际支出由地方政府具体实施。在智利或法国,中央政府通常会在地方设置办事处或派遣中央代表人员(州长)。这些办事处负责地方公共支出,但要遵循中央政府制定的规章制度。"州长"或其他中央代表熟知各地状况、需求和偏好,但指导方针是集中制定的。某些中央政府会赋予市级政府一定程度的权力。比如在智利和法国,市长由市民选举产生,同时市政府有权课征部分市政税。

选择第二种方案的也不一定是中央集权制国家。在联邦制国家,中央政府通过完善税收制度和提高税收管理的效率,获得所有(大部分)税收收入,然后按照一定的比例将部分收入分配给地区或市级行政单位。但是,这种方案通常存在一定的缺陷。

第一,各地区公众对中央政府的合法性可能存在质疑。中央政府是真正民主的吗?中央政府是否代表了所有地区的利益?某些组织或地区是否对中央政府具有更大的控制权?

第二,税收共享计划可能不会被某些地区接受。造成这一结果的第一个因素是纵向分配的问题,也就是说,中央保留和分配给地区的税收收入应该采取怎样的比例?除此之外还有横向分配的问题,即各地区或地方政府之间如何分配税收收入?如果中央政府可能会希望在不同领域采取同一个分配标准,则必然会有某些地区提出获得更多税收的要求。较贫穷地区认为更多税收才能满足该地区的公共需求,而较富裕地区则认为自身对税收贡献更大,理应在分配中占更大比例。

第三,财政联邦主义相关研究曾提出,第二种方案最大的问题在于地方政府的行为受到条条框框的限制,缺乏行政自由或权力。例如,各地区的办学制度往往遵从中央提出的办学制度,课程和教师薪资都具有统一性。这种情况消除了学校之间的竞争,也限制了教育创新。财政联邦主义的倡导者也提出,即使各地区人均收入一致,不同地区对公共物品的需求也存在差异。对公共物品需求越高,公民会更愿意缴纳高额税收,促使公共支出满足自身需求。但这种情况却无法在第二种方案中实现。某些专家甚至称,由于地方行政人员并未在税收方面付出直接努力或牺牲,因此在对待中央政府提供的税收资源上可能会产生浪费现象。当然这一论点并未得到证实。

第三种方案

第三种方案是中央政府指定部分税基供地方政府使用。采用这种方案的国家数量较多。中央政府会负责部分重要的税收——尤其是增值税、个人所得税、工资税和外贸税,同时允许地方政府自行征用其他税种。地方政府还可以在中央政府课征的税基上征收地方税。例如,阿根廷中央政府对消费征收增值税,而地区政府(阿根廷成为各省)对消费征收"叠加的"流转税。如果有朝一日美国联邦政府征收增值税,那么美国消费者需要同时面临增值税和在各州广泛应用的零售税。

第三种方案允许地方和市级政府利用国家税收。比如,中央政府决定某种税基并对其征税,同时允许地方政府使用该税基。美国的个人和企业所得税就属于这种情况。各州政府所使用的税基与国家政府相同(可能稍作调整),同时在该税基上征收额外的税率。此时,由于纳税人向国家统一提供信息,各州政府的税收管理成本大大降低,并且也减少了纳税人的遵从成本。还有一种情况是,某一特定税种(如房产税)的税基由中央政府决定,但由地方政府对该税种进行课征。

当然，中央政府也可以同时对该税基实行征税。这种方案可以杜绝房产所有者和税务管理人员由于私人关系而产生的腐败行为。当然还有一种可能是地方政府有意低估房产的价值。这种方案还有一个好处就是将税收管理负担从地方转移到中央政府。意大利的中央政府采用传统的增值税，但地方政府却采取了一种新的方式，而不是传统的发票抵扣型增值税。因此，在某种程度上来说，意大利（还有巴西）是征收两种形式的增值税。

但是，在许多国家，房产税的使用及其造成的税收负担都由市政府自主决定和承担。中央政府分配到地方政府的税种还包括：汽车购置和使用税；各种消费税；地方商业活动税（商店、餐馆、电影院、个人服务、酒店、展销会或户外市场等）；与博彩行业有关的税收；垃圾清理或其他市政服务产生的税收；商业泊车税；其他类似的税种。违章停车或违规驾驶所产生的罚款是市政收入的重要来源，甚至成为一种"伪税"。这部分税收往往都基于"受益"原则，即税收应用于提供有利于当地公民的公共服务（如街道维护和清理、街灯的修建、警察保护）。

在上述所有税种中，最容易带来收入的是房产税、汽车购置税和香烟、汽油和日常消费品（如软饮料）产生的消费税。

新加坡和美国作为高度城市化的发达国家，其房产税占 GDP 的比例分别高达 4％和 3％。然而，房产税的创收额一般不超过 GDP 的1％。汽车购置税可以创造可观的收入，特别是当汽车购置税与汽车的价值挂钩时，这一税种更可以具备累进性。随着各个国家汽车使用率提高，汽车购置税对经济增长有潜在的弹性。对特定产品（汽油、软饮料、香烟）征税对地方政府来说也具有一定的重要性，且征税难度不大。因此，地方政府不应忽视对这部分税种的使用。

税收专家认为,房产税是一种适用于地方政府尤其是市政府的税种。原因是房产税的税基相对固定(多为土地和建筑)。虽然现有的不动产(土地和建筑)是固定的,但对不动产征收的税收太高有可能在未来减少房地产投资。同时,该税种也可被看作房产所有者为当地政府提供公共服务所支付的资金。一般来说,房产税都具有累进性,因为富人所拥有的不动产往往更具有价值。但是,要使该税种的效率最大化,政府必须做好全面且不断更新的实体房产登记。房产登记指的是对所有者拥有的房产(房产)具体特征进行官方登记。只有这样才能根据实时信息对房产的市场价值进行确定和更新。这项工作难度很大,尤其对于通货膨胀严重以及房产需要不断维护的国家来说。一旦房屋老旧,以及房产的价值未及时进行更新,房产的真正市场价值会变得难以评估,从而降低了房产税的效率和公平性。

在某些国家,包括美国部分县在内,政府为了保证税收的"公平性",将纳税人或房产分为不同类别,采用不同的税率进行征税,试图个性化房产税。不同类别划分方式包括所有者的年龄、身体状况、住房人口、是否为首套房、是否为度假屋以及居住年限等。当根据不同家庭的具体情况进行税率区分时,税收则背离了简单化原则,同时会造成税收损失和资源分配不均。这就是好心办坏事的典型例子。最有效的税收体制往往遵循最简单的方针:房产税是一种物权税,课税对象是房产而不是人;以及房产的价值准确并处于持续更新中。

中央和地方政府会对能源使用征税,尤其是对汽油征税。这种课税对象很容易让地方政府依附于中央政府建立的税制之上,因为这部分税种的课征较容易实现(征税对象未出售汽油的企业),同时也遵循"受益"原则(汽车可以免费使用大部分道路),课征的群体也具有较强的支付能力(购置车辆的群体通常是高收入群体)。另外,这一税种的合理性还在于环境因素,因为能源消耗会引起全球变暖,从而对当地环境造成污染。

某些国家会对能源消耗和汽车购置征税。对汽车购置征税的理由与上一段中所陈述的理由一致。在课征汽车税时,汽车所有者所在地区的政府应该登记汽车信息,并规定所有者自登记后按年度进行纳税。汽车税可具有一定的累进性,实施方式是根据汽车的价值和排量进行纳税。这部分税收也可以提高地方政府的财政收入。

第四种方案

第四种方案也是税收共享计划,但是地方政府与中央政府共享的不是税收总收入,而是部分税种的税收收入。例如,中央政府与地方政府共享增值税或所得税收入。共享比例可以是长期固定的,也可以在一定时期内重新协商确定。包括阿根廷、俄罗斯、巴西和西班牙在内的一些国家采取了这一方案。以西班牙为例。西班牙各地区获得个人所得税总收入的33%,获得增值税总收入的35%。当这一比例需要重新调整时,中央政府可以把自身的财政问题转移给地方政府共同承担。阿根廷等国家在20世纪90年代就曾有类似的经历。通常,财政计划调整时通过将调整成本转移到地方政府来实现的。中央政府通过降低地方政府的税收共享比例来解决财政困难。当然,反过来的情况也同样存在。巴西某些州(如经济发达的圣保罗州)曾因为巨额外债不得不向中央政府请求援助。

第四种方案的优势在于,国家税务总局通常能够更有效地征收主要税种,尤其是增值税和所得税。但这种方案的缺陷是,如果将某些税种的税收收入共享给地方政府,国家税务总局管理这部分税种的利息很可能会减少。另一个重要问题是,这种方案会影响国家税制的建立,因为中央政府可能会致力于课征不参与税收共享计划的税种,不论这些税种的好坏。例如,近年来,阿根廷政府越来越依赖出口税,因为这部分税收收入不包含在税收共享计划之内。

这种方案还存在的一个问题是,税收共享计划不能仅仅考虑纵向因素,即中央分配给地方的税收占总税收收入的比例,还应考虑到横向因素,即中央分配给不同地区的税收比例。显然,贫穷地区和富裕地区对税收收入的需求存在差异。税收收入正是为了达到纵向和横向上的公平性。

11.5 结 论

中央政府可采取前面提到的四种税收共享方案将税收收入分配给地方政府,而所采取的方案往往决定了课征的税种。因此,税收共享计划是税制生态中重要的一环。某些方案给予地方征税的自主权;其他方案让地方拥有与中央政府共享税收的权力。一个国家选择怎样的税收方案取决于多种因素,例如税收技术、各级政府的权力分配以及对税收方案其决定重要的国家宪法等。由于各个国家的情况不同,我们不能找到一种适合所有国家的最佳方案。但是,一旦税收方案确立,中央政府对税种的选择权必然受其限制。比如,可能正是由于美国各州拥有征收消费税的权力,导致美国联邦政府无法征收增值税,使美国成为唯一一个不实行增值税的 OECD 国家。

如果选择第一种方案,可能出现的情况是部分地方政府经济落后,行政能力低下,无法合理利用被赋予的税收权力。在这种情况下,"纵向公平性"和"横向公平性"都无法得到保障,需要重新制定税收计划。

如果选择第二种方案,地方政府需要在政治和经济上依靠中央制定的决策。那么地方政府的财政自由得到了一定程度的限制,从而只能依靠收费、罚款和公共债务的方式提高财政收入。在选择税收方案时,除了政治和历史原因,还应考虑税收管理的规模经济效应以及可能出现的税收竞争等因素。如果税收(尤其是增值税和所得税这样的主要税种)权力被下放到各地方时,税收管理和合规成本可能会增加,而税收收入可能会下降。

前文讨论表明,我们可以看出,某些税种更容易通过地方政府(包括市政府)进行课征。有效利用这部分税种可以极大提高地方政府的税收自主性,避免纵向失衡现象的发生,减少中央对地方的控制。这部分税种包括:房产税(尤其是城市房产);汽车和手机购置税;汽油、酒、香烟和软饮料等产品的消费税;垃圾清理税;以及对商店和市场摊位等商业活动征收一定的"推定"税。这部分税种的征收建立在受益原则或可能产生负外部效应的基础上。如果使用得当,这些税种会极大提高税收收入,大部分区域都可从中获益。但是,在课征这部分税种时,也会有横向失衡现象产生,因为各地区的经济发展水平存在差距。这将由各国政府是否以及在多大程度上应该通过指定的转移支付和无条件的财政补贴来消除横向失衡现象决定。

这就涉及国家最主要、最有效的税种是增值税和所得税。这部分税种主要由国家课征。理查德·伯德(Richard Bird, 2010)曾就增值税发表如下言论:"大多数(不是所有)联邦制国家都征收增值税","30 个

OECD 国家中有 29 个都使用增值税,只有美国是例外","所有增值税都由中央政府课征"。

增值税的课征也存在例外情况。巴西的中央政府和地方政府都征收增值税。意大利也存在国家和地方两个级别的增值税。意大利各地区征收的增值税也被称为大区增值税(IRAP)。这种税种是以原产地为基础的收入型增值税,由企业支付的工资、利润、租金和利息的总和来衡量一个企业的附加值(见 Ahmad and Brosio,2008)。大区增值税被部分意大利人称为最讨厌的税种。同样,巴西各州所课征的增值税也带来效率问题,甚至引发"税收战争",巴西各州通过为企业提供不公平的激励政策进行竞争。多年来,巴西一致致力于废除各州的增值税,解决巴西出口商无法进行出口退税的困难。这一点也是意大利大区增值税面临的困难之一。

某些国家(如加拿大和阿根廷)的一般销售税在存在国家和地方两个级别。中央政府征收增值税,而地方政府征收其他消费税。税收专家也提出了地方政府征收增值税的方案(见 Boadway,2010;Bird,2010;Ahmad and Brosio,2008)。尽管这些方案(如补偿增值税和综合性增值税)在理论上具有可行性,但是并不一定能够在大部分国家进行良好实践。因此增值税最好在国家层面进行课征,并在必要时,按照一定方案将部分增值税收入分配给地方政府。最简单的增值税收入分配方案是按各地区人口进行分配。这种方案简单且具有累进性。值得重申的一点是,增值税在尽可能广泛的税基上使用单一税率进行征税时才能具有最佳成效。这种方案即使在经济不发达国家(如厄瓜多尔和玻利维亚)也能大幅度提高税收收入。

个人和企业所得税也应考虑到上述因素。这两种税种难以由地方政府进行征收,特别是当企业和个人的经济活动范围覆盖整个国家的时候。地方政府可以通过统一的税率对个人收入的特定组成部分(如工资、租金和股息分红)进行征税,但不能对个人的总体收入进行征税,除非地方政府依附于国家制定的税收政策,使用国家制定的税基,依靠国家政府所提供的纳税人信息(如美国)。我们必须认识到,新兴市场和发展中国家在个税征收方面已经遇到了重大困难,即使在国家层面也是如此。

对在多地经营的企业征收企业所得税时,也要考虑到类似问题。许多地区通过降低税率和提供税收激励政策来吸引外来投资,从而导致不良的税收竞争等税收问题。企业所得税可以由中央政府征收,通过合理的方案(以各地销售、财产和就业情况为基础)将这部分收入分配到各地方政府。

参考文献

Ahmad, Ehtisham and Giorgio Brosio, 2008, "Political Economy of Multi-level Tax Assignments in Latin American Countries: Earmarked Revenue versus Tax Autonomy". IMF Working Paper, WP/08/71.

Bird, Richard M., 2010, "Central and Subnational VATs in Federal Countries", in Ehtisham Ahmad and Abdulrazak Al Faris, editors, *Fiscal Reforms in the Middle East: VAT in the Gulf Cooperation Council* (Cheltenham, UK and Northampton, MA: Edward Elgar Publishing, pp.38—75).

Boadway, Robin, 2010, "The Design of a VAT for Multi-Government Jurisdictions: Lessons from Canada", Ehtisham Ahmad and Abdulrazak Al Faris, editors, *Fiscal Reforms in the Middle East: VAT in the Gulf Cooperation Council* (Cheltenham, UK and Northampton, MA: Edward Elgar Publishing, pp.76—99).

De la Cruz, Rafael, 2011, "Descentralizacion y desarollo local en América Latina", De la Cruz, Rafael, Carlos Pineda, and Caroline Pöschl, editors, 2010, *La Alternative Local: Descentralización y Desarrollo Economico* (Washington, DC: Banco Interamericano de Desarrollo, Chapter 2).

Musgrave, Richard, 1959, *The Theory of Public Finance* (New York: McGraw-Hill).

OECD, 2007, *Regions at a Glance* (Paris: OECD).

Organization of the American States(OAS), 2009, *Democracia de Ciudadania: Una Agenda*

Para la Construcción de Ciudadanía en America Latina (Washington, DC: OAS).

Organization of the American States (OAS), 2010, *Neutral Democracia* (Washington, DC: OAS).

Prado, Sérgio and Carlos Eduardo G. Cavalcanti, 2000, *Guerra Fiscal No Brazil*. Série Federalismo no Brazil (São Paulo: Fundap).

Rezende Fernando and José Roberto Afonso, no date, "A Federação Brasileira: Fatos, Desafios e Perspectives" (mimeo).

Tanzi, Vito, 1995a, *Taxation in an Integrating World*, especially Chapter 3 (Washington, DC: The Brookings Institution).

Tanzi, Vito, 1995b, "Corruption: Arm's-Length Relationships and Markets", in Gianluca Fiorentini and Sam Peltzman, editors, *The Economics of Organized Crime* (Cambridge: Cambridge University Press, pp.161—180).

Tanzi, Vito, 2008, "The Future of Fiscal Federalism", *European Journal of Political Economy*, vol.24, no.3, pp.705—712.

Tanzi, Vito, 2012, *Italica: Costi e conseguenze dell'Unificazione d'Italia* (Torino: Edirore@GrantorinoLibri.it).

Tanzi, Vito and Ludger Schuknecht, 2000, *Public Spending in the 20th Century* (Cambridge: Cambridge University Press).

12
总　结

　　税收方面的研究成果,尤其是优秀的教科书[如哈维·罗森(Harvey Rosen)的《财政学》(*Public Finance*)以及乔尔·斯莱姆罗德和乔恩·巴基哲的《课税于民·公众税收指南》(*Taxing Ourselves*)]都试图分析税收对一些变量和经济活动的影响。这些变量包括劳动者的工作意愿、工作时长、兼职劳动力的工作意愿以及人们对财政风险和储蓄等经济行为的看法。凯恩斯革命后,税收相关研究开始强调税收水平和结构的调整对经济活动的影响。上述研究是有用的,为政府和立法人员指明了方向。

　　多年以来,税收不仅仅是为了追求提高政府收入、满足政府支出需求这一单一目标,而且成为治疗或预防经济疾病的灵丹妙药。经济学家一直以来都致力于提出各种税收原则和税收理论。这些原则或理论试图找到一个一劳永逸的方法来解决税收问题。也就是说,从前的经济学理论试图解决所有问题,不论这些问题发生在 2018 年的美国还是 1900 年的尼泊尔或安哥拉。然而,这些经济学家却忽略了各个国家的实际情况和环境(也就是我们说的税收生态)也是决定税收原则或理论的重要参考因素。

税收专家虽然意识到效率低下的税收管理部门或腐败的政府部门会给税收制度带来难以预料的影响,但是他们却没有意识到,不同程度的全球化和权力下放运动也可能对税制造成深切的影响。这就如同达尔文所写的生物世界一样,税收制度也是在特定生态环境中运行的。这种生态既可能促进也可能阻碍税收制度的发展。

本书主要围绕税收制度的生态展开讨论。当然,书中的论点可能不够系统和充分,只是简要介绍了相关问题。关于"税收生态"如何影响税收制度的问题仍然需要进一步的系统研究。本书旨在唤醒人们对税收生态的关注,介绍与税收生态相关的诸多问题,同时提供大量例证说明"税收生态"对税收制度的影响。希望这本书可以打破人们建立永久性或最佳税收制度的观念,对现行的税收制度或税收结构进行批判性思考。也希望税收专家能够重视本书提出的税收方案,并对相关税收问题进行更系统的分析。

由于近几十年来"税收生态"已经在发生改变,对税收生态及其影响进行系统分析是大有裨益的。毫无疑问,如今的税收生态跟三四十年前相比已经大有不同。税收"生态"的变化主要包括:

(1)经济结构的变化。这种变化在决定税收征收难易程度时会起到非常重要的作用。

(2)税收技术的变化。这种变化引发新税种的产生,也可能会阻碍现行税种的发展。

（3）社会环境的变化。这种变化主要指的是一个国家的民主程度和选民的知情权,收入分配的公平性以及富人对国家政策的影响力。一个基尼系数为 0.5 甚至更高的国家,其"社会生态"必然不同于基尼系数小于 0.3 的国家,其对税收的需求也必然会有差异。

（4）全球化程度和形式有所不同。全球化给税收生态带来的改变已经今非昔比,甚至比过去 30 年所改变的还多。一个国家的经济全球化程度越高,对资产收入、富人的收入和流动人口的征税难度就越大。全球化也会增加财富税的课税难度,因为富人的财富往往分散在全球范围内。

（5）"避税天堂"的进一步发展。

（6）虚拟产品的发展加快。这部分产品的生产地难以确定。从原则上来说,虚拟产品的使用是通过位于太空的卫星来实现的,因此其用户难以追踪。

（7）权力下放和财政联邦主义也通过限制或鼓励部分税种的使用从而对税收制度造成一定影响。

（8）各个国家的政府在税务问题相互合作的方式。主要体现在各个国家的政府选择在税务方面通力合作还是继续加强税收方面的竞争。

（9）国家政府在经济活动中扮演的角色,以及对政府政策施加政治影响力的群体。

（10）税收管理部门的能力以及政府打击腐败行为的能力。

（11）科技的发展。

（12）各国政府同国际组织和协定的权力关系。

上述所有因素都对"税收生态"起决定性作用。对于经济学家和税务专家来说，与其关注狭义上的税收技术，不如加强重视在未来对税收制度起决定作用的上述因素。税收专家一直以来都忽略了用发展的眼光看待税收问题，因此，对税收领域未来的发展方向进行预测是有一定意义的。

图书在版编目(CIP)数据

税收制度的生态:影响税收需求与供给的因素/
(意)维托·坦茨著;郝晓薇等译.—上海:格致出版
社:上海人民出版社,2023.1
(当代经济学系列丛书/陈昕主编.当代经济学译
库)
ISBN 978 - 7 - 5432 - 3410 - 9

Ⅰ.①税…　Ⅱ.①维…　②郝…　Ⅲ.①税收制度-研
究　Ⅳ.①F810.422
中国版本图书馆 CIP 数据核字(2022)第 210100 号

责任编辑　张宇溪　程　倩
装帧设计　王晓阳

税收制度的生态:影响税收需求与供给的因素
[意]维托·坦茨　著
郝晓薇　王潇　吕希梅　柳华平　译

出　　版　格致出版社
　　　　　上海三联书店
　　　　　上海人民出版社
　　　　　(201101　上海市闵行区号景路 159 弄 C 座)
发　　行　上海人民出版社发行中心
印　　刷　上海商务联西印刷有限公司
开　　本　710×1000　1/16
印　　张　12.75
插　　页　3
字　　数　143,000
版　　次　2023 年 1 月第 1 版
印　　次　2023 年 1 月第 1 次印刷
ISBN 978 - 7 - 5432 - 3410 - 9/F·1476
定　　价　62.00 元

上海市版权局著作权合同登记号：图字 09-2022-0307

当代经济学译库